家教情理

尹正祥　著

云南大学出版社
YUNNAN UNIVERSITY PRESS

图书在版编目（CIP）数据

家教情理 / 尹正祥著 . -- 昆明：云南大学出版社，2023
ISBN 978-7-5482-4806-4

Ⅰ . ①家… Ⅱ . ①尹… Ⅲ . ①家庭教育—研究 Ⅳ . ① G78

中国国家版本馆 CIP 数据核字 (2023) 第 110441 号

家教情理
JIAJIAO QINGLI
尹正祥 著

策划编辑：张丽华
责任编辑：范 娇
封面设计：迟晓静

出版发行：云南大学出版社
印　　装：曲靖日报印刷厂
开　　本：787mm×1092mm 1/16
印　　张：16
字　　数：200 千
版　　次：2023 年 8 月第 1 版
印　　次：2023 年 8 月第 1 次印刷
书　　号：ISBN 978-7-5482-4806-4
定　　价：58.00 元

地　　址：昆明市一二一大街 182 号（云南大学东陆校区英华园内）
邮　　编：650091
发行电话：0871-65033244　65031071
网　　址：http://www.ynup.com
E-mail:market@ynup.com

若发现本书有印装质量问题，请与印厂联系调换，联系电话：0874-3314363。

一本获取家长"资格证"的好"教材"
——《家教情理》代序

家教，即家庭教育，其重要性和必要性人所共知，但是并非每一位家长都具有科学的家庭教育理论，也不是每一位家长都掌握正确的家庭教育方法。中华全国妇女联合会的一份资料显示：我国有接近四分之三的家长的教育方法欠妥，只有四分之一左右的家长的家庭教育方法比较科学。正如《家教情理》中所说："在当今这个社会，每一种职业都有进入的门槛，重要的职业都需要考证，如教师资格证、医师资格证，而最重要的事业——为人父母的'资格证'，恰恰不需要考，做父母都是无证上岗，父母都是错误地把结婚证当作为人父母的'资格证'。也许正因为无证上岗，从业者的素质参差不齐，导致孩子后天的素质，特别是人文素养高低不一。"

古今中外，关于家庭教育的论著可谓汗牛充栋，数不胜数，明阳天下国际教育培训集团精选出的《孩子，把你的手给我》等"十大家庭教育经典"就是其中优秀的家庭教育读本，值得每位家长认真阅读。窃以为，云南大学出版社出版的尹正祥著的《家教情理》（虽然这本书暂时还不能称为"经典",因为是否"经典",需要经过时间的考验和历史的选择),可以使你用更短的时间,花更少的精力,掌握家庭教育的科学理论和正确方法。这本书是最切合当今父母实际、最接地气的一本家教著作,是当今家长获取为人父母"资格证"的好"教材"。

《家教情理》,其意为实施家庭教育,必须运用父母的深情和科学的理论,二者缺一不可。换句话说,只有用父母的深情和科学的理论,才能有效地开展家庭教育。

笔者受本书作者盛情邀请,为《家教情理》撰写"序言"。以笔者一介布衣的身份和半瓶清醋的水平,确实勉为其难,但有幸通读了这部尚待付梓的作品后,笔者深感本书具有以下五个特点。

一、构建了家庭教育理论的全新体系,富有创新性

通常情况下,论述家庭教育的文章或专著,一般都围绕什么是家庭教育,为什么要进行家庭教育(家庭教育的重要性和必要性),怎样进行家庭教育(家庭教育的措施和方法)来构建理论框架,展开说明论证。但是,本书完全抛开历代家庭教育的传统理论框架,构建了一套全新的家庭教育理论体系,体现了作者难能可贵的创新精神。

这个理论体系是以家庭教育的施教者——父母和家庭教育的受教者——子女为重点,紧紧围绕父母的责任、父母的素养、父母的言行,子女的天性、子女的成长,以及家庭环境对子女成人成才的影响进行构建。

第一,作者把父母的人文素养看作是家庭教育的决定因素。因为"家庭教育的首要问题是父母懂得教育",所以作者认为父母的责任除生育、养育外,更重要的是教育和化育(从识和理的层面上升到情的层面的更高层次的育人方式),而要承担起对子女的教育和化育,

就必须提升素养。作者把理想的人文素养设计成有六个层次的金字塔形结构的完整体系，并将其作为家长修炼的内容。只有这样，才能"读懂孩子"，只有"读懂孩子"，才能"因材施教"，也才能取得良好的、预期的家庭教育效果。

第二，孩子作为家庭教育的受教者，自然是另一个重点。所以，作者将"读懂孩子，因材施教"作为专章进行论述。所谓"读懂孩子"，就是家长要知道孩子既有自然属性的一面也有社会属性的一面。拿作者的话说就是"人性是善恶同体的"，既有"原欲"的食欲、性欲、知欲，也有"原恶"的懒惰、任性、嫉妒，还有"原善"的爱己、爱人、爱物。因此，要把握孩子先天的气质特质和后天形成的性格特征，要通晓孩子各个阶段的成长规律。这样，才能针对孩子的不同特征，进行有的放矢的家庭教育，也才能把保护孩子的童趣，不压制孩子的好奇心，引导和鼓励孩子的想象力，培养孩子的品德，使孩子养成良好的行为习惯等落到实处。

第三，立志。这是家庭教育重要的一环。古人的德育，首先就是教育子女树立志向。三国时期的著名文学家嵇康在《家诫》中说："人无志，非人也。"本书作者认为："人文教育的第一步就是要把志立起来"，"立志是人生奋斗的起点"，"志向是人生道路的主干线"，所以"父母要引导孩子正确立志"。同时，作者指出了当今家长帮助孩子立志的三个误区：第一，错把念头当志向；第二，才不配志，志大才疏；第三，主宰孩子的志向。作者认为，智力（包括语言表达能力、写作能力、实际操作能力、社会交往能力）、心力（包括和商、胆商、逆商、恒商）是实现志向的保障。

第四，孩子生活的家庭环境，是孩子成长的阳光。家庭中有浓厚的文化氛围，才有利于孩子的健康成长。这里，作者对家长提出了一个前无古人的要求：家长必须具有儒家智慧、道家智慧、释家智慧、民间智慧、商业智慧和红色智慧。换句话说，家庭中充满儒家文化、道家文化、释家文化、民间文化、商业文化和红色文化的阳光，孩子才能在浓厚的文化中从小接受文化的熏陶，通过以文化化人的生活方式，在不知不觉中具备较高的人文素养。

用传统的儒家文化、优秀的民间文化和革命的红色文化来教育和培养孩子，这没有疑义。但道家文化、释家文化和商业文化能用来培养无产阶级的革命接班人和劳动者吗？

其实，这正是作者理论创新的成果，答案是肯定的。

且看作者的解释：道教的创始人老子和佛教的创始人释迦牟尼都是圣人，我们可以"借圣人之智慧，启迪孩子之心智，让孩子在圣人闪光思想的照耀下，快乐地生活成长"。至于商业文化，其分工协作的合作精神、等价交换的互惠精神、追求卓越的创新精神、有序竞争的超越精神都是培养孩子全面发展必不可少的教育内容。

第五，家庭氛围是孩子成长的土壤。即我们要从和睦氛围、书香氛围、生活氛围三个方面来营造有利于孩子成长的家庭氛围。和睦的家庭氛围可以使孩子吸纳父母的正面情绪、正面情感，心灵充满阳光，每天都生活在快乐的情绪中，这对孩子身心的健康十分有益。充满书香的家庭，可以使孩子自然而然地形成读书的习惯，并有意无意地继承父母勤学的精神。生活氛围浓厚的家庭，能让孩子充分享受生活的乐趣，接受生活的磨炼，提高生活能力。

第六，科学的时间管理既是孩子成才的基础保障，也是家庭教育的一个重要环节。时间具有一维性，不可逆转。时间是个常数，一年

365或366天，一天24小时，一小时60分钟，一分钟60秒。所以，珍惜时间、合理安排时间是家庭教育中必须重视的问题。家长要指导和帮助孩子安排好学习时间和业余时间，以时间加汗水的努力实现成人成才的目标。

第七，注重培养孩子良好的行为习惯。培养孩子良好的行为习惯的教育称为养成教育。家庭的养成教育与学校的养成教育相配合，就能够收到"5＋2＞7"的效果。

家庭的养成教育要特别注重培养孩子的"内生动力"。所谓"内生动力"，就是从"心灵深处"产生的积极主动的动力，指的是生存压力、责任心、理想志向、兴趣爱好。现在的孩子虽然不存在生存压力，但"有意识地让孩子体验一下饥饿、寒冷、劳作之苦"，对他们的成长是有益无害的。

此外，"管好动力与习惯间的连接地带"也是家庭养成教育的一项重要内容。

第八，学业管理是家庭教育的中心。家长要从四个方面抓孩子的学业管理：一是要抓孩子平时的学习生活管理；二是研究笔试方法，培养孩子的问题导向思维；三是重视语言表达能力的培养；四是注意平时行为习惯的养成。

第九，家庭教育要重视培养孩子的独立性和亲和性。即让孩子具有独立的人格，做到自律、自尊、自爱，能自我管理、自我成长；亲和入世，能融入社会，易于被他人接纳，与他人融洽相处，并有利于个人的发展和社会的和谐。

这就是本书关于家庭教育的全新理论体系，亦即《家教情理》的"理"，而家长的倾心陪伴、呕心化育则是"情"。

二、提供了开展家庭教育的具体措施和方法，具有指导性

科学理论的价值在于指导实践。本书提出了家庭教育的若干问题，并对这些问题进行了科学的分析，找到了解决问题的方法和步骤，因而对家庭教育的实践具有较强的指导意义。大凡家庭教育中的问题，大到孩子的志向树立，小到穿衣吃饭，在本书中都可以找到答案。

例如，为了让家长认识到养成教育的重要性，本书用专节阐述了"养成教育的方法步骤"。第一是"培养孩子对养成教育的兴趣"，第二是制定明确的行为标准，第三是要抓小抓细，第四是反复训练，第五是环境营造。而且，每一步都有更加具体的方法，如"培养孩子对养成教育的兴趣"，具体到"培养孩子洗脸的习惯，可以用好闻的香皂；培养孩子刷牙的习惯，可以让孩子看洁白牙齿和龋齿对比的照片，可以用趣味牙刷、牙膏"；培养孩子的吃饭习惯，细到教育孩子"往嘴里扒饭时只能扒一次两次"，"一扒金，二扒银，三扒四扒花子形"，既不雅观，又有失风度，还易造成浪费；等等。

又如，对于家长如何管理孩子的学业，作者也用一个专节论述了学业管理的十个重要环节，为家长提供了与老师沟通的三个方法，对孩子进行奖惩的原则，课前预习的方法，培养孩子专注力的方法，让孩子知错改错的方法，把厚书读薄、把薄书读厚的方法，攻坚克难的方法，融会贯通的方法，等等。紧接着，在"激励孩子学习的方法"一节中，本书为家长提供了正面说理法、以身作则法、激将法、置困解困法等四种方法，并对每一种方法的运用作了更加具体的说明，使家长可以有的放矢、按图索骥，获得行之有效的教育方法。

三、环环相扣、层层深入的论证体现了严密的逻辑性

逻辑性是议论文的生命。本书有严密的内在逻辑，如家长的责任

是基础，读懂孩子是关键，培养孩子是目标，文化环境是条件，养成教育是重点，学业教育是中心，入世是归宿，环环相扣，层层深入，构成了全新而完整的家庭教育体系。同时，本书充满了语言表达的外在逻辑。例如，作者在"培养孩子对养成教育的兴趣"中写道："基础教育的基础内容，就是要培养良好的行为习惯，而良好行为习惯的养成要有内生动力。内生动力前面讲了是多方面的，兴趣也是内生动力之一。培养孩子的行为习惯，要先从培养孩子的兴趣开始，兴趣是最好的老师，孩子有兴趣，做起来就会主动。那么，怎样培养孩子的兴趣呢？培养孩子兴趣有'万千法门'。"这种环环相扣、层层深入的表达方式在书中屡见不鲜。

此外，对于同一个问题，作者从不同的层面展开更加深入的分析以及使用一些"顶真"修辞，如"心之要在于灵，灵之要在于正，正之要在于慈"。这些充分表现了本书语言的外在逻辑性，使作者要阐述的观点无懈可击、令人信服。

四、生动形象、丰富多彩的事例加强了论述的说服性

举例论证是议论文经常采用的一种论证方法。"事实胜于雄辩"，举例论证可以使作者的观点更加令人信服，更易达成作者的写作目的。

《家教情理》一书列举了大量案例，有的是作者的亲身经历，有的是作者身边人的故事，都是千真万确的事实，具有无可辩驳的说服力。例如，作者用童年时晚上点煤油灯读书，"母亲总是坐在旁边做针线，她一定要等我睡下把我的被子盖好才去睡"，说明"化育"的特征就是父母用爱心陪伴孩子成长。作者读的是附设初中班，加上学习基础较差，上高中跟不上，第一个学期数学考了个班上倒数第二名，"后来我利用假期把初中数学重新学了一遍。到高二时（当时的高中只读两年），一个晚自习就可以复习一册初中数学，其中的定理、公式、例题真正做到了烂熟于心，结果高考时数学考了94分的高分，变成了全校正数第二"。作者以此说明"定期回头复习"是学业管理的重要环节。这是作者的现身说法。又如"我一个外甥女的孩子，从小口技非常好，学什么像什么，特别是学小动物的叫声非常像，但是我这个侄女认为学口技没出息，硬是不准孩子学"，作者以此说明家长素养低，读不懂孩子，扼杀了孩子的天赋。反之，作者初中的一个同学，是劳动委员，人很勤劳，"学习成绩只是中下，初中毕业没有考上高中，但他对木工特别有兴趣，几十年后成了当地非常有名的木匠，成了市级非遗的木雕传承人，他比好多考上高中的同学更有成就感"。这两个作者亲眼所见的正反两方面的例子，说明呵护和培养孩子的天赋是非常重要的。

给人留下深刻印象的还有两个例子。第一个例子："保姆换尿布板着脸……母亲换尿布，笑呵呵地面对孩子，换完拍拍小屁股：'宝宝乖'。"这说明家长的陪伴化育，"永远是金钱、保姆代替不了的"。第二个例子："有一年考公务员，有一个考题很简单，就是写国歌的歌词，结果一个考场几十个人，只有一个人全答对。后来考官问这个学生，为什么记得这么清楚？这个学生说她妈妈是小学老师，她有一次犯了错，被她妈妈罚写十遍国歌。"这说明家长理性科学的奖惩对子女的成长有着非常重要的意义。

五、深思熟虑、含义隽永的佳句增强了书籍的可读性

善于观察，勤于思考；善于感悟，勤于总结，是笔者与本书作者几十年交往中对其的深刻印象。博览群书，视野开阔；文思敏捷，出口成章，是本书作者数十年如一日刻苦勤奋的结果。无论是庄严肃穆的正式场合、大庭广众的讲话报告，还是轻松愉快的聚会交流，本书作者总是口若悬河、侃侃而谈，表现出机敏与智慧。本书恰如作者与家长的促膝长谈，娓娓道来，佳句频出。例如，"能保护自己的不是拳头，而是智慧""道德是自律，法律是他律""天使善良无私是神性，魔鬼可恶自私是兽性。其实人是神和兽的混合体，人一辈子都在神和兽之间挣扎，当神性战胜兽性时我们就得到升华，作出的是利他行为，当神性败给兽性时，人就堕落，作出害他行为""我们改变不了风向，但可以调整风帆的朝向""只要是一切有利他人的言行，都是度化""不要因为独立而孤芳自赏、和世人对立，也不要因亲和而丧失自我""损人利己是小人，无私奉献是圣人，互利双赢是常人"，等等。这些充满哲理和智慧的语言，深化了本书的思想，增强了本书的可读性。

  正是基于上述几点，笔者才认为《家教情理》是"一本获取家长'资格证'的好'教材'"，并推荐给年轻家长认真阅读。

李世沛

2022 年 6 月 24 日

目 录

第一章　为人父母　其责沉沉 ……………………………………… 1
第一节　父母之责　涵盖四育 ……………………………………… 2
第二节　家长之弊　素养不足 ……………………………………… 7
第三节　提升素养　共同成长 ……………………………………… 13

第二章　读懂孩子　因材施教 ……………………………………… 29
第一节　识人本性　抑恶扬善 ……………………………………… 30
第二节　知人性情　扬长避短 ……………………………………… 35
第三节　遵循规律　陪伴成长 ……………………………………… 41

第三章　以志统行　以力达志 ……………………………………… 55
第一节　立志定向　奋斗起点 ……………………………………… 56
第二节　志向引领　路径明朗 ……………………………………… 57
第三节　正确引导　因人立志 ……………………………………… 58
第四节　科学识志　走出误区 ……………………………………… 62
第五节　能力保障　立志达志 ……………………………………… 64

| 第六节 | 开发智力 提高智商 | 66 |
| 第七节 | 心力强大 其志可达 | 75 |

第四章 家庭文化 成长阳光 ············ 81
第一节	儒家智慧	82
第二节	道家智慧	89
第三节	释家智慧	94
第四节	民间智慧	97
第五节	商业智慧	104
第六节	红色智慧	111

第五章 环境氛围 成长土壤 ············ 121
第一节	和睦氛围	122
第二节	书香氛围	127
第三节	生活氛围	131

第六章 光阴荏苒 惜时如金 ············ 141
第一节	认识时间	142
第二节	计时文化	147
第三节	科学用时	152

第七章 养成教育 规范行为 ············ 157
| 第一节 | 内涵意义 | 158 |
| 第二节 | 内生动力 | 161 |

第三节　思维方式……………………………………164
第四节　方法步骤……………………………………172

第八章　学业管理　家教轴心……………………………177
第一节　读懂学业……………………………………178
第二节　关键环节……………………………………183
第三节　激励方法……………………………………208

第九章　独立人格　亲和入世……………………………219
第一节　独亲思辨……………………………………220
第二节　独立人格……………………………………226
第三节　亲和性情……………………………………233

第一章　为人父母　其责沉沉

　　做父母是人生的第一事业，一个家庭最大的成功就是子女成器。推动摇篮的手，是推动孩子成长的手，是推动家庭兴旺的手，也是推动民族振兴的手。家庭教育的首要问题是父母懂得教育，知爱会教。父母是子女的第一任老师，是任教时间最长的老师，也是要对子女一生负责的老师。对于每个孩子来说，学校里的老师，任教时间最长的小学老师，也才六年。现代社会，教书靠学校，育人更多的则是看家长。目前，由于衡量教师教学质量的指标仍然主要是考分，而人格修养很难用指标来衡量，所以教师必然把更多的精力用于提高教学成绩，家长则要对孩子的性格养成负全责，要花精力培养孩子的人文素养。为人父母，其责沉沉；为人父母，其教谆谆；为人父母，其爱至纯。

第一节　父母之责　涵盖四育

我朋友的一个孩子，初二时，学习成绩处于中下水平，在其父亲眼中还有些叛逆。在一次期末考试中，全班46人，他排39名。对此，我这朋友很生气，批评了孩子，而孩子不以为然，一副不耐烦的样子，我这个朋友火气大涨，说了句："老子白养你了。"孩子顶嘴说："又不是我请你们生的，我本来就不想来到这个世界，你把我变回去吧。"朋友回答不了这个问题，抬手就要打孩子。当时我在场，我制止了朋友对孩子的粗鲁行为。我对孩子说："小宝，父母教育你是他们的责任。从子女的角度看，父母说对了要听着，说错了要阴着，不能转过屁股来抵着。"之后，我又单独多次做了孩子的思想工作，后来孩子考上了一所不错的高中。

孩子说的"又不是我请你们生的……你把我变回去吧"这句话，引发了我的很多思考：第一，孩子来到这个世界上确实是被动的。第二，我们没有把孩子变回去的能力，我们虽然不知道孩子出生之前的样子，但我们要知道孩子现在的样子，以心换心，读懂孩子。第三，我们要设计孩子未来的样子，知道要把孩子培养成什么样的人，要有一个系统成熟的方案。第四，互联网时代，父母缺乏权威，说服不了孩子，而且教育方法不当、教育效果不好，甚至是无效教育。因此，与时俱进的家庭教育是每一对父母都面临的课题。

每个人来到这个世界上都是被动的，没有哪家的父母和孩子商量并经孩子同意才把他们带到这个世界上来。一对男女恋爱、结婚、生子，孩子就被动地来到了这个世界上。然而，生育之后的养育、教育、化育，大多数家长都没有做好准备。在当今这个社会，每一种职业都有进入的门槛，重要的职业都需要考证，如教师资格证、医师资格证，而最重要的事业——为人父母的"资格证"，恰恰不需要考，做父母都是无证上岗，父母都是错误地把结婚证当作为人父母的"资格证"。也许因为无证上岗，"从业者"的素质参差不齐，导致孩子后天的素质，特别是人文素养高低不一。大多数孩子身上的优点，从父母、祖父母那儿都可以找到，缺点亦然，这就是家风，是传承，不是遗传。

对于子女而言，他们无法选择父母，无法选择家庭，遇到什么样的父母，是运气，是机缘，只能被动接受；对于父母而言，尽管有优生优育的方法和措施，但是也是控制不了孩子的慧根，这些都是偶然中的必然。我常想，如果可以选择的话，肯定很多父母都想选择慧根更好的孩子，孩子也会选择素质更高的父母。然而，假设就是假设，既然命运安排成父子关系、父女关系、母子关系、母女关系，那么只能命运与共、携手前行，陪着孩子一起成长。为人父母，也只有在生活实践中、在教育实践中、在陪伴孩子成长的过程中，用行动去考取为人父母的"资格证"。

既然父母没有与孩子商量就把孩子带到这个世界上来，那父母就要倾情对待孩子，培养好、教育好孩子，让孩子健康快乐地成长，成为对家庭和社会有用的人。

我认为，一个人一生中有三个责任：第一，对自己的责任。童年时父母对自己负全责，少年逐渐懂事后自己对自己的未来负责。第二，对家庭的责任。父母也是从子女成长起来的，子女有一天也会成为父母，所以每一个人一生都有家庭责任，都要为家庭负责。第三，对社会的责任。一个国家、一个民族的兴旺发达并不是抽象的，是靠一个个鲜活的个体共同努力换来的。积土成山，粒米成筐，中国梦涵盖着每一个人的奋斗之梦。在具体实践中，就是遵守以法律法规为主的社会公德，做一个合格的公民；在工作岗位上，勤勉公事，忠于职守。

学校对学生的责任就两个字——教育，而家长对孩子的责任则包含生育、养育、教育、化育四个层面。

（1）生育。只要身体健康，无特殊疾病，每对夫妻都可以生育。生育既是家庭责任，也是社会责任。从家庭的角度讲，是繁衍子孙，传承血脉；从社会的角度讲，是为国家、民族做贡献。生育当然要科学，健康检查、年龄、环境、心情、饮食、锻炼等都有相关的生育科学知识要求。生育是基因的复制，是生命的传承。一个新生命就是一粒种子，这粒种子是成长成参天大树，还是豆芽菜，除先天的遗传密码外，后天的养育、教育、化育也十分重要。

（2）养育。养育就是让人的自然生命机体健康成长。我国社会现阶段的生产力水平已经能保证每一个孩子都能够获得充足的营养，上几代人那种营养不良、吃了上顿没下顿的情况是不会再发生了。然而，物极必反，物质生活的富裕也带来了另外一些问题，比如消化不良、少儿肥胖、劳动量少、运动不足、机体缺乏活力等，这些问题已经成为现代社会中困扰家长和孩子的社会问题。父母要对孩子科学养育，让孩子合理饮食，适度运动，增强肌体活力，参加劳动，至少是家务劳动，提高生活本领，寓运动于娱乐之中，寓运动于生活之中，寓运动于劳动之中，让孩子有一个强壮的身体。首先，要做到康体，即健康成长无疾病；其次，要做到力体，通过运动让身体有活力、有力量；

最后，要做到美体，有一个协调漂亮的体形。同时，也要兼顾情智层面。只有身心两方面和谐，才能做到"体有活力神自清""腹有诗书气自华"。

（3）教育。教育是言传身教，是知识的传授、文化的传承、思想的引领，父母要让孩子有正确的思想、广博的知识、丰厚的人文素养。从教育的知识内容上看，教育可分为条理性的知识、操作性的知识和创新性的知识。条理性的知识靠口传，需要讲解和分析，只要理解或记住就算掌握。操作性的知识靠肢体和语言讲解，需要言传身教，示范引领，手把手地教，反复训练，才能最终达到身心协调，想得到并做得到才算真懂，即知行合一，例如煮饭、切菜、制作椅子等。创新有两种方式，一是组合创新，即靠知识面、边缘知识的触碰、学科的交叉产生新思想、新知识、新产品；二是深度创新，即在一个领域深度挖掘出新的成果。创新性知识要靠启迪，有研究、有分析、有归纳，并进行总结提升，甚至要反复地实践和检验。教育要因材施教，因时因境施教，要言之有理、言之有据、言之有志、言之有情、言之有用、言之开慧，也就是古人说的传道、授业、解惑。这也就要求教育者，传道自己要先得道，授业自己要先立业、敬业，解惑自己要先不惑、弄明白。其实常规的教育，即知识传播性质的教育，是两个不相干的人都可以完成的事情。例如，当下流行的买网课学习，若在战争年代，甚至可以从敌人那里得到教育，因为这种教育，它只停留在识和理的层面。

（4）化育，即化心育人。它既可以是教育的一部分，也可以独立成块，但我更愿意把它拿出来看作和教育并列且更深刻的一个独立板块，作为更高层次的育人观。因为，化育将从识和理的层面上升到情的层面。就自身的经历而言，我认为父母的化育比教育对孩子的成长更重要。一般情况下，大多数人会认为有文化、文化程度高的人比没文化、文化程度低的人更懂教育，更会教育。然而，事实并非如此。也有些文化程度高的家庭的孩子就是不爱学习，不上进，不成器，而一些没文化、文化程度低的家庭，由于父亲勤劳、母亲慈祥，孩子反而成长得很好。除了生活教会人之外（后面的章节会讲到），我认为主要是因为父母的化育力量有差距。特别是现代社会很多文化程度高、"有成就"的家庭，父母的事业、应酬占的时间比较多，他们和孩子见面时只讲大道理，更没有时间陪伴孩子，而化育是需要花时间陪伴的，是一种言传身教。我们这一代人，父母基本没有文化，但他们用一颗爱心化育孩子，全身心地陪伴孩子。当年，我点煤油灯读书时，母亲总是坐在旁边做针线，她一定要等我睡下把我的被子盖好才去睡，早上总是按时起来喊我起床，这种家风后来在我们做父母时得到了传承。在我们家，除了我的孩子外，还有五个侄儿住在这里并考取了大学。我爱人也是像我母亲一样陪伴孩子，她总是要等孩子们晚上十二点睡了以后才去睡，然后早上六点以前就起来做早餐。我父亲是个木匠，一生吃苦耐劳，他总是教导我"吃得苦中苦，方为人上人""饥年饿不着手艺人"。我在自己为人父母之后，把这种家风总结为"读书明理，精技立身，用心做事，用情对人"十六个字。

植根于自己的实践，我认为化育是从识和理的层面上升到情的层面的更高层次的育人方式，是润物细无声的情感力量。化育的特别之处在于父母陪伴孩子成长，在陪伴过程中唤醒孩子潜睡的良知，培育孩子的爱心，做到情感互动、情感升华。并且，它能把爱和亲情转化为做人、学习、干事创业的精神力量。其实，这种化育是一种爱的力量，是一种真爱、会爱的力量，是用智慧和爱照亮孩子的心灵，可以转化为孩子学习和奋斗的动力。这种被父母丰厚情感化育过的孩子，哪怕学习成绩差一点，也会有丰富的情感、高尚的灵魂，以及终生奋斗的力量。爱是人活着的意义，是终生奋斗的动力，人有爱、有亲情就有动力。

第二节　家长之弊　素养不足

初为父母者，大多是二十多岁的人，他们步入社会不久，刚开始自立，经济上有自己的收入，思想上有自己的见解和主张，情感上不再依赖父母。大多数的育龄父母处于事业的起步期，生活生存压力大，要为事业奋斗，要成家立业，要生儿育女。他们工作压力大，经济基础差，育儿知识缺乏，但生育年龄不等人，他们等不到经济条件好、人文心智全面成熟的时候再生孩子。因此，从家庭的角度看，教育孩子注定只能是"三边"工程，即边工作、边学习、边教育。所以，从父母的角度讲，要努力照顾好孩子，教育好孩子，用心用情用时陪伴孩子；从孩子的角度讲，也要理解父母，因为父母在爷爷奶奶、外公外婆那里也还是个孩子。父母也是刚从"孩子"这个角色转变为"父母"这个角色，他们也只能边当父母边学习，在实践中总结和提升，难免有不当的地方。特别是第一个孩子，有人说是父母的试验品，是照书养的，只要不犯原则性、方向性的错误就算成功了。

我观察身边的家长，发现他们都有一些共同的优点，那就是都深深地爱着孩子，都希望孩子成才成器，也就是中国传统文化讲的望子成龙、望女成凤；都希望孩子学习优秀，考取清华、北大，包括那些"没有文化"的父母，他们也希望孩子好好读书，成为有素质、有文化的人。

从这个角度讲，中国家长的读书意识、学习意识、育儿意识是推动国家和民族进步的重要动力。

当然，一些家长的身上也有一些不足，归纳起来就是：教育理念不对，知识贮备不足，方法简单粗暴，陪伴孩子的时间太少。

一、教育理念不对

教育理念不对，体现在很多方面，如焦虑、急于求成、目标高不可及、互相攀比等。具体讲，焦虑、急于求成表现在不懂得孩子的成长规律，急于看到孩子成才的结果，不会享受陪伴孩子成长的过程，进行填鸭式教育，强行灌输给孩子与年龄不相称的知识，不加选择地让孩子参加各种培训班，忽视孩子爱玩的天性，剥夺孩子享受童趣的权利，设立过高的目标，结果使得孩子才几岁就戴上几百度的眼镜，让本应天真活泼的孩子变得沉默寡言、老气横秋，把对孩子的爱变成一种对孩子的摧残。攀比表现在发现不了孩子身上的特质和优点，甚至把特质当缺点，总是拿孩子的短处比别人的长处，常常说"你看人家，学习成绩多好""你××如何听话、如何懂事"。特别是拿孩子的分数和班上成绩最好的几个同学比，伤了孩子的自尊心。正如周国平所说的，人生有两大误区——"活给别人瞧和瞧别人怎么活"，而攀比就是瞧别人怎么活。攀比是一种浅教育，即盲目跟风，只看热闹，没有走进孩子的心灵，没有读懂孩子，没有认真研究孩子的特质，缺乏深层次的思考，对孩子缺乏正确的定位。这样的例子不少见，例如我一个外甥女的孩子，从小口技非常好，学什么像什么，特别是学小动物的叫声非常像，但是我这个甥女认为学口技没有出息，硬是不准孩子学。孩子多好的一个生长点，还在嫩芽时就被掐了，今天回想起来，甚感可惜，可谓重学习成绩，不重人格修养。我国现代教育家蔡元培讲：

"决定孩子一生的不是学习成绩,而是健全的人格修养。"换句话说,就是考试成绩决定一时,人格修养决定一生。

我国现阶段的高考制度虽然称得上是当前最公平的升学方式,但它也有不够科学、不尽合理的地方。高考以综合成绩论英雄,要求个个都是全才、全能冠军,致使有些特长生、偏科生,被挡在重点大学的大门之外,这就导致老师和家长把注意力集中在高考成绩上,不得不按先"应试"后"素质"的顺序来教管孩子。鉴于今天的高考制度,如何在"高考成绩"与"人格素养"之间找到一个平衡点是我们每一个家长都要面对的问题。同吃一甑子的饭不一定就身体一样好,在一个班学习、同一群老师教,也不是个个学习都好。天资有高低,用心有差距。有句话说:"此路不通,老天一定另有安排。"民间也有句谚语:"每棵小草都是顶着一个露水珠子来的。"学习成绩不好的孩子也可能有其他方面的天赋和特长,做父母的不能只看成绩,一定要冷静分析,找到孩子的天赋和特长,并进行呵护和培养,让其得以生长,因为它可能就是孩子未来成才的种子。我初中的一个同学是劳动委员,人很勤劳,初中三年里,我们班教室的钥匙都是他保管,他负责开门、关门,每天基本是最早一个来最后一个走,他和所有的同学关系都很好,但学习成绩只是中下水平。虽然这个同学没有考上高中,但他对木工特别有兴趣,几十年后,成了当地非常有名的木匠,还是市级"非遗"的木雕传承人,成就一样大,对社会的贡献更大。

二、知识贮备不足

初为家长,大多数人的育儿知识贮备都是不足的,表现在不系统、散点式,既不能正确地引导孩子,也不能恰当地回答孩子提出的问题,特别是不能回答孩子思考深刻一点、偏僻一点的问题。孩子的思维和成人的不一样，大人的思维是定式思维，小孩因为不受世俗知识的限制，想法会更新、更奇。其实，这也是社会发展的动力，一代人比一代人更有创造力的原因。我们身边的一些父母只能回答是什么，不能回答为什么。例如，一个孩子读了《南京长江大桥》这篇课文，回来就问其父南京长江大桥这么大，是怎样建起来的，其父正在做饭，回答说："石头、钢筋、水泥混在一起倒到江里就建起来了。"结果，孩子一脸茫然。因为很多家长回答不了孩子的问题，致使孩子对知识的渴求处于饥饿状态，其好奇心久而久之就被消磨掉了。像前面这个例子，小孩很可能成为一个优秀的桥梁专家，但其最初的火苗被父母的无知给浇灭了。

三、方法简单粗暴

一是大水漫灌，讲放之四海而皆准的大道理。对于孩子来讲，大道理是左耳朵进，右耳朵出，是不入脑的东西，因为小孩的思维是具象思维，不是抽象思维。这也就是为什么我们历史上有关家教家风的名言警句车载斗量、不计其数而用之不灵的原因。就拿我们耳熟能详的唐代李绅的《悯农》——"锄禾日当午，汗滴禾下土。谁知盘中餐，粒粒皆辛苦"所讲的节约粮食的道理来说，首先作者李绅就不是一个节俭的人，相反他是个非常奢侈的人。我们几代人都读这首诗，但是据统计我们中国人一年舌尖上的浪费足够养活一亿人。相反，不读这首诗的天天种地的农民没有一个是不节俭的。可见，讲道理不如举例子，举例子不如带孩子亲身经历。当然，如果把道理、例子、实践结合起来进行综合性的教育，效果必然会更好。

我女儿上幼儿园时，我在乡下工作，我爱人每天骑自行车送她上幼儿园，然后再去给学生上课。有一天，到了幼儿园门口，我爱人叮嘱孩子："你要听老师的话，要支持我的工作。"女儿回答说："好。"

晚上回家，女儿问她妈妈："妈妈，什么叫支持呀？"我爱人解释说："你按时起床，让妈妈去学校上课不迟到，是支持；你好好吃饭，我上课不担心你肚子饿，是支持。"我补充说："支持是互相的，我们准时把你送到幼儿园，准时来幼儿园接你，是对你的支持；老师要你回家做手工，我们把剪刀和纸给你准备好，也是支持。"在这里，抽象的支持和具体的事结合起来了。这样，孩子既懂理，也懂事，更能把抽象的道理落实在具体的行动上。事隔几天，一个同事有事外出，把孩子寄托在我们家。早上，同事的小孩赖床，我女儿喊同事小孩起床时就说："要支持大人的工作，你再不起床，我们都要迟到了。"

二是无情呵斥，甚至棍棒相加。大人都难免犯错，何况孩子。犯错是成长的必经步骤，犯错并不可怕，重要的是家长要和孩子一起分析犯错的原因和后果，找到改正错误的方法，不要让孩子被同一个石头绊倒两次。现在是信息时代，信息带来方便快捷是好事，但它也会带来一些负面作用。例如，孩子在学校打架，特别是小男生打架，在我们那个时代很常见，老师不会告诉家长，学生也不会告诉家长，家长之间知道了也不会找麻烦；而现在通信方便了，小孩打架，老师必告知家长，家长之间见面必讲个是非曲直，回家后都一定会批评教育孩子，这其实是把简单的问题复杂化了。小孩的世界，打打闹闹是常事。孩子是情绪化的小动物，过几天气一消就又在一起玩了。家长绝对不能不问是非曲直，劈头盖脸地批评孩子："你怎么又打架了，把人家打伤了谁负责？"有些家长甚至有理无理三扁担，孩子在学校被同学打本来就委屈，回家还要被家长打一次，对孩子的心灵而言那是雪上加霜。打个比方，如果问题是块冰，呵斥、棍棒只能打碎它，不会融化它，它被打碎了还是冰，解决不了问题；我们要把冰块融化，要循循善诱，要分析原因，找出问题的症结。例如，两个孩子打架，家长要过问的话，要弄清楚孩子为什么打架，起因是什么，然后弄清楚是自己的责任还是他人的责任，或者双方都有责任，是实质问题还是情绪问题。对于孩子打架而言，大多数情况下是情绪问题，那家长就要告诉孩子，自己被打伤，自己吃亏自己痛，如果是打伤对方，自己和家长都要负责任，能保护自己的不是拳头，而是智慧。其实吃一堑长一智，孩子自己会总结经验，父母要给予孩子更多的关心和呵护，帮助孩子调整打架后烦躁不安的情绪。

　　三是马虎应对孩子的问题。有的家长不懂儿童心理，总认为孩子不懂事，乱提问题，所以不认真回答、马虎应付，甚至还批评孩子："你哪来这么多问题？"其实，提出一个问题比解决一个问题更难，会提问题的孩子是善于思考的孩子，思考问题、提出问题、解决问题也是学着成长的方法。家长之病就在于对孩子提出的问题不以为然、觉得麻烦、马虎应付。其实孩子不受世俗和成人思维的限制，他们提出的问题完全可以是天马行空的、不合常理的，但父母一定要科学严谨地回答、启发性地回答、从拓展知识和拓宽视野的高度回答，让每一个困扰孩子的问题都能有一个满意的答案，让孩子解惑、明理、增知，开阔视野，让孩子敞亮地成长。当然，每一个人都不是通才，因此对于不懂的知识、回答不了的问题，家长可以不急于回答，可以通过查阅资料、请教他人、弄明白、思考成熟后再回答。我老家有一种鸡蛋大的虫包，大家都喊它星宿屎，所以我小时候以为星星就像萤火虫一样，是飞在天上会发光的动物。我问我的父亲星星掉下来有多大，因为父亲不识字，所以回答我说："有小盘子这么大。"到了初中，我才知道那是恒星。另外，小时候唱《东方红》,其中有一句"呼儿嗨哟",我不知道它是什么意思,困惑了好多年。直到读大学我才搞懂,它是衬词,没有实际意义。

四、陪伴时间太少

在古代,有条件的家庭,母亲是"专职"母亲,全身心、全天候地照顾孩子。现代社会,大多女性要出来工作,做母亲只是"兼职"。改革开放以来,由于交通、通信的方便快捷,人们的活动半径越来越大,交往越来越多。空间贬值,时间增值,父母们除工作压力大外,用于交往的时间越来越多。我身边的一些年轻父母,三分之一甚至一半的时间,晚上都有饭局,并且吃饭必喝酒,一顿饭下来两三个小时就浪费了,回到家孩子都睡了,他们陪伴孩子的时间越来越少,教育、化育均不到位。这对孩子来说是一种亏欠,欠教育之债、感情之债。其实细细想来,很多交往都是无效交往,很多饭局都没有意义。饭局多,表面热闹,实则浮躁,重交往轻孩子,是主次颠倒,丢了西瓜捡芝麻。

第三节　提升素养　共同成长

要做一个好家长,就要履职尽责,勤学善思,通过学习、实践、总结、提升,形成系统、丰满的人文素养,在教育孩子的过程中和孩子一起成长。

人文素养是衡量一个人综合素质最重要、最核心的指标,我把理想的人文素养设计成有六个层次的金字塔形结构的完整体系。这个金字塔式的人文素养体系既是家长修炼的内容,也可以作为培养孩子的参照系。

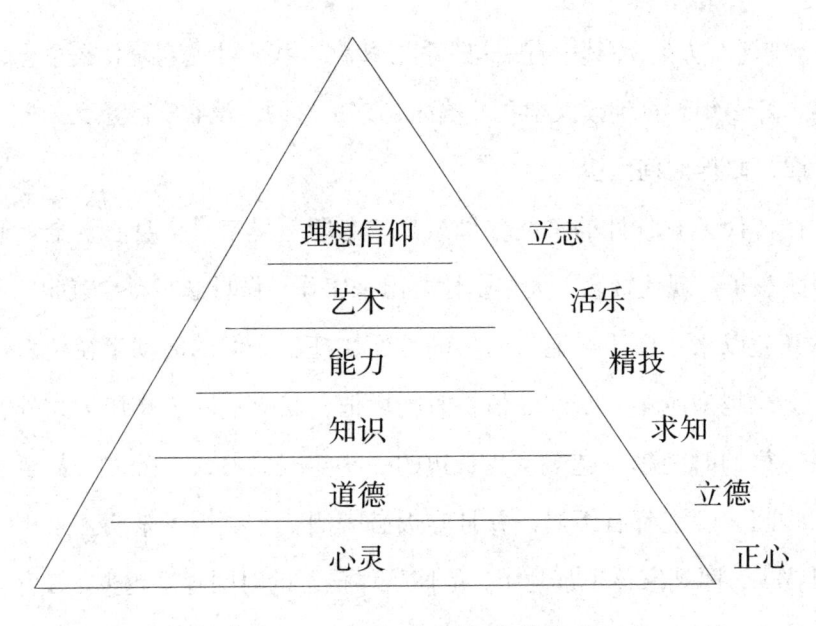

```
        理想信仰        立志
         艺术          活乐
         能力          精技
         知识          求知
         道德          立德
         心灵          正心
```

图1-1 理想的人文素养体系

一、正心，心灵层面

人文素养最基础、最核心的是心灵层面，人文之根在于心灵，教育者要有一颗美丽、善良、聪慧的心灵，特别是家长要有这样的心灵。

天生万物，外物是客观存在的，物质是第一性的，不以人的意志为转移，而万事皆发于心，因为事是人与物、人与人的结合。这个社会的好事坏事、善行恶行皆发于心，当然是不同人的心。人出生的时候，一颗童心比较纯洁。人在成长的过程中由于对外在的知识的追求，对外在物质财富、事功名利的追求，到了成人阶段向外索取的东西多，向内以心观心少，有的人的心灵甚至会蒙上一层灰尘，进而看社会、看人生、看问题、看他人，甚至看自己和自己的孩子都是抱着负面情绪，并且喜欢抱怨一切。

我认为，人文之根在于心，正与邪、觉与迷、净与染、善与恶、愚与智均发于心，所以心之要在于灵，灵之要在于正，正之要在于慈，心灵则聪慧善思，心正则生慈念，有慈念则有善行。心灵、心正则会做人、做正人，会想事、想正事。反之，心愚则顽劣，心邪则生恶念，生恶念则出恶行，害人害己。心生尘则心智暗淡，人的慈爱和智慧被尘埃遮盖。童心清明，要精心呵护，防微杜渐，在成长的过程中要扶正祛邪，让其净而不染，童心至老，老而童心，做到丰富后的单纯。总而言之，灵魂越深刻做人越善良。

修心亦分三个层面，首先是静心。静心就是让心安顿下来，善静者清，宁静以致远，不浮躁，不焦虑。不静之心则是一念接一念，念念相续，善恶混同。若把心比喻成水，就是上善若水，心如止水，水静则尘埃落底，水自清澈、透明。心静则自滤妄念，心静则明心见性，善念凸显，可见静心就是自净。其次是净心。净心若用流水来比喻，就是人为地打捞水中的各种漂浮物和杂质，从而让水干净。其实净心就是抖落心灵的灰尘，是通过以心观心，通过自观和他观，把心念中的好念头留下来，将妄念无情斩断，用哲言讲就是对心念去伪存真和扬弃。通过净心，让心净而不染，让心透明，积极向上。最后是进心。进心让外境进入内心，让外识改变内智。进心就是往心里装东西，装善念、善知识，就像一个坛子倒了臭酸菜要重新装入美酒。进心的目的是让心灵成长，心灵饱满，扩大心量。拥有一颗透明透亮、饱满充实的心灵，才可以既照亮自己也照亮孩子。我们依然用水作比喻，水无色无味，向里边加糖则有甜味，加盐则有咸味。进心就是在心里加正能量的东西，让心灵有味有能量，积极向上，遇艰难险阻而不改心中追求，历经磨难而更加纯善，永远保持一颗积极向上、热爱生活，以及于人于己提供善知识、正思维、正能量的心。

综上所述,"静心""净心"偏重于体的层面,而"进心"则偏重于用的层面。正心、修心是一个很复杂的心理过程,也有很大的个体差异,我只是给大家一个大体的思路作为参考,还需个人在修炼的过程中细细品味,慢慢觉悟。

二、立德,道德层面

如果说心灵是人文之根的话,那么道德则是做人之本,是人文之核,是人有别于草木、禽兽的根本所在。荀子说:"水火有气而无生,草木有生而无知,禽兽有知而无义,人有气有生有知,亦且有义,故最为天下贵。"这里所讲的"义"就是道德的范畴。如果说心灵是潜在的人文,道德则是社会层面的外化的人文,正心是个人内心的行为,要搞好的是自己和自己的关系,而道德则将作用于社会和他人。道德品质的高与低、好与坏既影响自己,也影响他人。父母的道德品质当然直接影响着孩子,他们的一言一行都在给孩子起着示范和引领的作用。

在我们的传统文化和传统教育中,道德研究、道德教育始终是儒、道、释的基础和核心,如儒家有《孝经》,道家有《文昌孝经》,佛家有《地藏菩萨本愿经》。可见,所有的学问和思想都是围绕人的素质的提升、人格的完善而展开的。其实,在传统文化中,道和德各有其内容。道有多层含义,如规律、路、方向、途径、法则、方法、办法等。我们最熟悉、听得最多的是老子所著的《道德经》。《道德经》里的道就是指事物内在的规律和机理。德本意为顺应自然、社会和人类客观发展规律,不违背自然规律地去发展社会、提升自己。德是对道、对自然规律的一种认识和理解,是对道的遵循和应用。德是一种功用,是道的外化,有什么样的道就应该有什么样的德。而我们今天所说的道德已经简化了，就是指一个人的人格、品质，所以我们经常将"道德"和"品质"连在一起用，例如"某某道德品质好，某某道德品质差"。

当今社会，我们可以把道德细化为四个大的板块。一是以爱党、爱国、爱人民为主的政治品德；二是以孝为中心的家庭美德；三是以遵纪守法为主的社会公德；四是以爱岗敬业为主的职业道德。

（1）以爱党、爱国、爱人民为主的政治品德。其实，无论我们对政治感不感兴趣，我们都是政治人，我们都身处一定的政治环境中。政治清明则每一个公民都受益，反之大多数公民都会受到伤害。爱党、爱国、爱人民的政治品德对咱们中国人来讲特别重要，有实实在在的价值和意义。从1840年第一次鸦片战争爆发至1949年中华人民共和国成立前，中华民族一直受到外国列强的侵略、欺辱，中国人民国破家亡，是中国共产党及其领导的军队和人民推翻了"三座大山"，实现了国家独立、民族解放。其间所经历的艰难困苦、流血牺牲，是我们今天的人难以想象的，而党和人民在革命和建设过程中形成的斗争精神、实践经验和科学的理论体系是中华民族的宝贵财富。中国共产党是国家富强、民族振兴的脊梁，所以我们深深地认识到没有共产党就没有新中国，就没有国家独立、民族解放，就没有人民的安居乐业，就没有每一个小家庭的幸福生活。今天，我们身处太平盛世，更要居安思危，要有国家意识、民族意识、忧患意识，要有爱党爱国、忧国忧民、为国为民的政治品德和民族情怀。

（2）以孝为中心的家庭美德。在中国人的众多崇拜中，对祖宗的崇拜是最常见的，《朱子治家格言》中就有"祖宗虽远，祭祀不可不诚"的观点。其实祭祀祖宗，也是孝，是孝的一种延伸。俗话说"百善孝为先，孝者善之善者也"，我的理解是孝者"人文传承，父子一体"。孝敬父母是对子女最好的化育方式，是对亲情一脉相承的潜移默化。一般情况下，动物的上辈对下辈只有生育、养育之恩，而人类的上辈对下辈有生育、养育、教育、化育之恩。并且，在大多数动物中，子对母的依赖主要是生理依赖，依赖的时间也很短。例如，羊生下来四十分钟就可以独立行走，哺乳期也很短，而人要一岁左右才会走路，三岁才离开父母的怀抱自己去玩耍，所以古人守孝三年就是感恩父母的怀抱之情。除了生理的依赖，孩子对父母的依赖还有思想和情感的依赖，并且这种依赖时间很长，特别是情感的依赖是终其一生的。也正因为如此，在中国传统文化中孝占据着最核心、最根本的位置，家庭教育要围绕着孝道的教育来展开。《论语·学而》有："其为人也孝弟，而好犯上者，鲜矣；不好犯上，而好作乱者，未之有也。君子务本，本立而道生。孝弟也者，其为仁之本与。"可见，孝为家教之本，立身之本。因而，后人有"大孝治国，中孝治企，小孝治家"的说法。

根据我个人的实践和总结，孝包括四个层次：孝养、孝敬、孝志、孝慧。

第一，孝养。贮谷防饥，养儿防老。父母付出心血养育、教育我们，在他们年迈体衰的时候，我们要承担起赡养父母的义务，让他们有吃有穿，吃好穿好，不冻着，不饿着，生活有保障。现代社会，国家养老方面的政策越来越好，国家的养老投入越来越多，退休金、养老金、养老保险、高龄补贴等成为老年人生活来源的主要部分，伸手向孩子要钱的老人越来越少了，这是社会进步带来的好处。但是子女还是要尽到自己的孝心和责任，不能把自己的赡养责任推卸给政府和社会，即便老人有足够的收入保障，也需要子女的孝心，更需要子女对其生活起居的精心照料。

第二，孝敬。一个人要过得幸福，除了生活有保障外，最主要的是心情愉悦。而心情愉悦的原因，一是自己内心的充实，二是别人对自己的敬重。对于老人而言，子女的孝敬能让他们心情愉快。孝敬父母就是要对父母和颜悦色，不在父母面前使性子、发脾气，对老人说话和声细语、面带微笑；尊敬父母，就是父母说话要认真倾听，只要不是影响社会和他人的原则问题都要顺从，要尊重父母几十年养成的生活习惯。正如《礼记·祭义》所说："孝子之有深爱者必有和气，有和气者必有愉色，有愉色者必有婉容。"对父母的孝敬要发于心，表于情。

第三，孝志。志是父母的理想、心愿。孝志就是要帮助父母完成他们的理想和心愿，完成他们心中想做没法做到的事。俗话说，前三十年看父敬子，后三十年看子敬父。父母最大的心愿就是子女成器，正派做人，走正道，做正事，给社会提供正能量，让父母放心、省心。所以孝志首先就是要行正；其次要健康平安，让父母不操心、不担心，能放心地过日子；最后要理解和支持父母的"偏心"。做子女的往往认为父母对子女要一碗水端平，有家产要平分，带孩子要家家带。其实对父母而言，手心手背都是肉，十个手指连着心，他们对每个孩子都是一样地疼爱。然而，父母也会"偏心"，这种"偏心"就是几个孩子中谁最穷、条件最差，父母就关心谁多一点，谁在生活和工作中困难最大他们就操心谁多一些。其实这种"偏心"是更深层次的爱。仔细观察现实社会你会发现，有些人把孝敬父母当成一种负担，兄弟姊妹之间你推我滑；有些人把孝敬父母当作一种责任，子女之间互相分摊，轮到自己方才承担；有些人把孝敬父母当作一种福报，把孝敬父母当作一种快乐的事情，主动尽孝，任劳任怨。

第四，孝慧。孝慧可分为三个层次。首先就是对财富的继承。现实生活中，我们经常看到一些家庭为分割老人的财产弄得兄弟反目成仇，这是最不可取的。其次是对父辈的技术、技艺、专业知识的继承。这叫子承父业，这种继承关键是要在继承的基础上创新，否则会代代重复，没有进步。最后，即最高的层次是对父母骨子里的奋斗精神、做人智慧的继承。因此，孝慧也就是要继承父母身上为人处世的智慧、干事创业的智慧、教育子女的智慧等骨子里的奋斗精神和做人智慧，形成代代传承的良好家风，做到长江后浪推前浪，一代更比一代强。上辈人不在了，精神还在，家风还在，这是一个家庭、一个家族代代传承、欣欣向荣的基础。

（3）以遵纪守法为主的社会公德。法律是人类最伟大的发明之一，是人类自我管理最重要、最有效的工具，它强制规范人的行为，是化解社会矛盾的标准、尺度。道德是自律，法律是他律，是以国家机器为后盾的强制力。学法、知法、守法是一个人的人文素养的重要组成部分，是一个人的社会公德，是保证自己不受伤害，同时也不伤害他人和社会的底线。另外，纪律、社会规范，以及约定俗成的行为规矩也是社会管理、社会运行的规范。遵纪守法，把规矩摆在前面，是一个人社会公德高尚的表现，人人都遵纪守法，社会就和睦和谐，人在社会上、单位上就有安全感和幸福感。家长要对自己的言行负责，要给孩子作出表率，要带头遵纪守法。家长自己的行为要文明，同时也要鼓励和支持孩子的文明行为。

（4）以爱岗敬业为主的职业道德。职业是一个人养家糊口、立足社会的根本，爱岗就是爱自己、爱社会，敬业就是对自己、对社会有责任心。因为现代社会已经不是自给自足的小农经济，而是全球化了的市场经济，一个人既然选择了一个职业、一个岗位，就要在一个岗位上兢兢业业地工作，因为不论你喜欢不喜欢、高兴不高兴，这都是一种责任，是为社会提供合格产品、优质服务的一种责任，是对个人生存发展的一种责任，是对家庭生存、生活富裕的一种责任。同时，一个成熟的成年人要把个人的理想、兴趣融于职业中，把职业当成事业，不要有兴趣才干活。无论干什么活都要从中找到兴趣，都要有工匠精神，兢兢业业，精益求精。有一句话是这样说的："把简单的事情做到极致就是绝招。"爱岗敬业就是要全身心地投入，把事情做到最好，这样既能获得收入以支撑家庭的开支，又能体现个人的能力和人生的价值。

三、求知，知识层面

知识是人们在改造客观世界和主观世界的实践中所获得的认识和经验的总和，既包括自然科学知识，也包括社会知识。在中国传统文化中，格物致知就是求知的过程，更多的时候我们称之为做学问。

我们的传统是先学做人，再学做事，即要先立德修身，后学一技一艺。西方文化则要先学做事再学做人，在做事的过程中学会做人。故而，近代以前，中国传统文化中有关人文素养、修身立德、齐家治国的理论和书籍很多，而科学技术则相对滞后，特别是借助外部工具，如借助天文望远镜对宏观世界的研究，借助显微镜对微观世界的认识等。因而，除中医学是文化人在做，并且代代传承，有原理、有理论、有临床实践，成为一门真正的学科外，其他方面包括四大发明，大多停留在一技一艺的经验层面，没有形成系统的理论研究。支撑近代科技的化学、物理、生物、天文、地质等学科，都是洋务运动以后逐渐从西方翻译引进，并用中文创造了一整套物理、化学、生物学等科学技术概念，从而奠定了我国科技发展的基础。

当今世界是一个中西合璧、各种文化交流融合的世界，中国的孔子学院已经走向世界，而且中国人的科学精神、科技水平已经为世人所认可。在很多领域，如高铁、航空航天、5G、智能制造等，中国已经走在世界前列。中国的学校教育也不再是只摇头晃脑背诵"四书五经"，而是和世界接轨，传授现代科技知识，培养现代社会所需的人才。

一个人的知识水平受到时代、地域和行业的影响，因此人的认知具有时代性、地域性和行业性。首先是时代性。由于时代的局限，圣人孔子不可能知道手机，但是今天不识字的老人也会用手机和千里之外的亲人通电话。当今时代是知识爆炸的时代，知识总量几年翻一番，新观念、新思想、新技术、新产品层出不穷，我们要跟上形势，顺应历史潮流，必须与时俱进，抓紧学习。其次是地域性。在不同的国家，人们所能接受的知识不同，在同一个国度的不同地区人们接受的知识也不同。最后是行业性。一个人的知识与从事的行业的关系十分密切，因为除少数专家外，大多数人都是在工作中学习和在学习中工作。此外，知识是一种外在的存在，要使其变成个人的知识，就必须发挥人的主观能动性，主动学习，长期积累。

从研究的对象来看，可把知识划分为自然知识和社会知识。其中，涉及自然对象、自然学科的是自然科学知识；涉及社会对象、社会学科的是社会知识。从学习来源看来，知识可划分为书本知识和社会实践知识。从掌握并应用的角度来看，知识可划分为条理性知识和操作性知识。其中，条理性知识就是被归纳、总结成条款、文字等的知识，理解了就掌握了，如"实践是检验真理的唯一标准"这句话就是条理性知识；而操作性知识必须亲自实践、反复操作，如游泳，无论你学了多少理论，都必须亲自下水反复实践才可能学会。

对中国人来讲，从客观上我们可以把最可能接触到的知识划分为四大板块，即以"四书五经"为代表的传统国学知识；以市场经济理论为主的现代经济管理知识；以法律法规为主体的社会治理知识；以计算机、云计算、智能制造为代表的现代科技知识。这四大板块涉及成百上千个学科和专业，不可能一一穷究。但从人文素养的角度看，作为一个现代人、一个合格的家长，除了要精通和深入研究自己的专业外，对这四大板块知识的基本层面、基本原理、基本常识做一些了解，形成既有专业知识又有较宽知识面的"T"形人才，才能更好地教育孩子。

对于个人而言，知识还可分为基础知识、专业知识和个人特识。基础知识包括基本的书本知识和基本的生活常识。基本的书本知识就是从小学一年级到高中毕业所接受的历史、地理、科技、社会知识；基本的生活常识是在生活中从父母、老师身上习得的知识，最后形成一种基本的生活技能、生活理念、生活方式和学习习惯。基础知识是做人做事的基础，是生活和工作中的一些常识，是对世界和社会的一个基本认知，是一个人往前走的基础。基础知识扎实可为之后的专业知识学习提供有力的支撑，学起来会得心应手。专业知识是个人做事必备的知识，是支撑职业事业的基本能力，是个人立足社会的本钱，故专业知识、专业能力一定要扎实。个人特识是个人通过学习、思考、研究之后，个人创新的、发明的、发现的，只有一个或少数几个人掌握的知识。如果说基础知识是人从社会生活中学到的知识，是一种吸纳的话，那么个人特识就是人奉献给社会的知识。因为人的创新为这个世界增加了知识的总量，因而个人特识一旦回报社会，让更多的人掌握，那就不只是一种知识，而是一种能力。

四、精技，能力层面

做学问当然要读书，但文化不仅仅限于读书，文化最终要体现在做人做事、教育子女的能力上。可以这样说，真正有文化的人，不是说你读了多少书，而是看你懂得多少事，能做多少事。如果读了很多书但没有转化为能力，那么就像一头毛驴驮着一筐的书，是不管用的。由此可见，能力是一个人的人文素养最重要的标志。一个人读了很多书但做人做事的能力不行，很难说这个人的人文素养会好。能力是要把知识转化为内心的修养，再把这种修养转化为行动力。

知识是能力的基础，但知识不等于能力，因为知识毕竟是外在的。在现实生活中，高分低能者，当然是有知识的，但很大一部分人的分数是转化不成能力的。因为知识是停留于人对自身之外的人、物、事的认识，也可以说是外境在人的头脑中的影像，而能力则是人作用于外在的人和物、人和事，即作用于外境，是对知识的应用，是驾驭知识的更深层次的知识，是能胜任某项任务、做好某件事、处理好某种人际关系的智慧。可见，能力是知识和智慧的巧妙结合。

能力是外在知识和内在智慧的有机统一，包括超越当前现实而在头脑中的"想象力"，明辨是非、坚持正确行为的"能力"，判断思想、言行正确与否的"良知"，基于自我意识不受外力影响的自行其是的"独立意识"，以及对所掌握的知识信息进行综合研判之后所作出的积极主动地应用知识来做人做事的能力和水平。

一个人的能力是多方面、多层次的，下面我把人的能力分为体力层面、智力层面、心力层面三个层面进行论述。

（1）体力层面。体力是人的能力中最原始、最低级的层面，当然也是最基础的层面。体力的开发是最初级的开发，其开发的潜力十分有限。人与人之间的差距，体力的差距不超过10倍。能出千斤力者少之又少，弱者50斤，强者充其量500斤，但适度的体力开发是智力、心力开发的基础，因为体力是智力、心力的承载能力。如果一些操作性的技艺需要体力和技术相结合，并且体力强度大、技术含量高，那么体力强度、技术含量的差距也会导致能力水平出现差距，也会把劳动效果、能力贡献的差距拉得很大。

（2）智力层面。智力的开发潜力比较大，但其不在于智力本身的差距，而在于智力开发的差距。在这个世界上，"上智之人"，也就是特别聪明的精英不会超过百分之一，"下智之人"也不会超过百分之一，也就是说百分之九十几的人都是"中智之人"，大多数人的智力都差不多。可是，在现实社会中，这百分之九十几的人的智力开发的程度也是千差万别的。拥有同样智商的人，在同样的环境长大的人，因为后天的机遇，工作岗位、生活环境的不同，特别是受教育程度的不同，学习、实践、思考的不同，其智力的开发也是各异的，有的人可能会成为某方面的专家、学者，而有的人一辈子只能从事简单的劳动。

（3）心力层面。心力是通过非智力的情绪因素体现出来的能力。心力的表现形式是情商。心力强大者情商高，首先他能处理好自己和自己的关系，管控好自己的情绪；其次他能处理好自己和他人的关系，与他人和睦相处。心力强大者恒商很高，有不达目的不罢休的毅力，有拒绝不良嗜好的决心和勇气。心力强大者胆识过人，有敢于碰硬、勇于克难、敢于亮剑，以及面对艰难险阻不改初心的大无畏精神。心力强大者逆商很高，在挫折、失败等逆境中不仅不气馁、不灰心、不丧气、不抱怨，而且越挫越勇，往往能够在逆境中崛起。

一个人能力的大小、事业的成功与否、境界的高低，大多数时候既不是体力的差距,也不是智力的差距,而是心力的差距。

只有心力强大的人才能更好地开发体力和智力,只有心力能够统筹体力、智力,做到身心智合一。

五、活乐,艺术层面

人生不完全是用来奋斗的,也是用来享受的。劳动创造财富,但它只是人为了生活得更好、更快乐的一种手段,不是人生的目的。要实现人的全面发展,提高人文素养,做到身心愉悦,必须有艺术层面的追求,有艺术层面的修为。换句话说,艺术修养是人文素养的一个重要板块、一个高端板块。一个人可以没有艺术天赋,但不能没有艺术追求。一个人如果成不了艺术家,成为有一技之长的艺人也可以;如果成不了艺人,学会欣赏艺术家、欣赏艺人、欣赏艺术作品也可以;如果连欣赏都不会,那么这样的人生一定是枯燥的。

从人文素养的角度讲,艺术不是单纯地唱歌、跳舞、绘画、写作等,而是一切有利于身心健康、有利于社会文明的业余爱好,主要是指文化体育技能方面的素养。当然,这里指的是大众的艺术修养,艺术专业人才例外。因为对于艺术专业人才而言,艺术是专业能力,是吃饭的技术,然后才是人文素养。

艺术是以人为主体的心灵感受和生命意义的表达,它源于生活并高于生活,是反映现实并超越现实的社会意识,它能把心智和情感外化成娴熟、美好、超越的技巧,进而表达内心的情绪。常见的艺术形式有绘画、雕塑、音乐、舞蹈、戏剧、电影、曲艺、体操、游泳、杂技,以及各种球类、棋类等。

艺术有两种载体,即以物为载体的艺术和以人为载体的艺术。艺术有三种形态,即气态、液态和固态。一个人通过学习和训练掌握了某方面的艺术是一种气态存在，它在其体内，在其内心，外人是看不见摸不着的。它被摆放在个人精神家园的某个地方，随时准备接受人的安排和使用，不用之时也会让人的精气神充盈，有升华之象，这就是人们常说的"腹有诗书气自华""身有艺术神自清"。当艺术被用来表达、表演、创作、比赛的时候，如作家写作、老师上课、歌手唱歌等，艺术就成为一种液态而存在。人的艺术素养从人的体内、心内不断地涌出，进而成为书籍、作品、艺术品，成为他人享受的文化产品，给人以美的感受，这是艺术液态的存在，即从一个人的心田涌到另一个人的心里。当人的艺术修养成为作品之后，它就是艺术的固态存在，它也许是一幅画、一本书、一首歌曲、一件工艺品。这个时候的艺术就变成一种以物为载体的艺术，可以做到空间上的位移，时间上的传承，服务于社会，化育更多的人。

总之，艺术素养是人文素养的重要组成部分，是人全面发展的一个重要内容，也是人生乐趣的一个重要载体。艺术素养是超功利性的人身修为，是超物质、超世俗的精神享受。

六、立志，理想信仰层面

跳出圈内的生活，修炼更好的自己。人要活在过去，感恩帮助过我们的人，感恩为这个社会进步作出过贡献的人；人要活在当下，做好手中的每一件事，尽到自己的责任；同时，人也要活在未来，要用未来的目标引领今天的行动。理想是对未来人生、未来事物、未来社会的想象或希望，是人生的一种目标设定，是今天的"我"为打造未来的"我"的自我设计。每一位家长都应该有理想，并且要帮助孩子设计好自己的人生理想。信仰的"仰"，意即抬头仰望天空。信仰是对某种思想理念的极度信服和尊重，并以之作为规范自身行为的准则、安定灵魂的法宝，同时它也是统率精神和行为的最高信条。在人文素养当中，如果说道德是人文素养的基础部分的话，那么知识和能力就是中层部分，而理想和信仰则是高层部分。理想更多的是世俗的功利性，它是可以通过分级目标实现的，是今生可能变成现实的；信仰则是超功利性的、超世俗的，甚至是超越今生今世的更长远的精神向往。

一个人即使没有信仰，至少也要有理想，有坚定的信念。人有信仰，心灵才能安宁，灵魂才有皈依，否则人就会心神不定。很多人对某种思想理念有信仰是因为受到先入为主的影响，要么是家庭的影响，要么是环境的影响，后天通过对各种思想理念的了解和比较之后再选择的少之又少。

总之，我认为家长要有信仰、有理想、有阶段性目标，要围绕信仰、理想、目标来采取行动，做到梦在心中，路在脚下，追求大善、大爱、大智、大道并以此来规范自己的言行，提升自己的境界，并将其作为教育好孩子的资本，让孩子在潜移默中进步和成长。

第二章 读懂孩子 因材施教

为人父母,心细如发,举手投足,尽收眼中,性情张弛,绳疆可控。

不懂水性,不可游泳;不知马性,不可驾车;不懂孩子,何以谈教。俗话说,知子莫如父,知女莫如母,其所表达的意思就是父母和孩子长期相处,知道孩子的性格特点。其实读懂孩子是很难的事情,特别是要走进孩子的心灵,以心交心、心灵相通、因材施教就更难了。举目四顾,教育成功的例子很多,把孩子带进阴沟里的父母也不少,究其原因是多方面的,其中之一就是没有读懂孩子,知爱而不知教。

好父母要心细如发,要将孩子的所思所想、一言一行、举手投足看在眼里,了然于心,然后思考其对错、利弊,采取有针对性的教育方法,正确引导,做到宽严有情、张弛有度。

第一节　识人本性　抑恶扬善

　　人类这个大族群其实就是一个大的生命体，每一个人都是这个大生命体里的一个细胞。回眸人类历史，人类的发展是一个从野蛮走向文明的过程，其中有数不胜数的善举，有辉煌灿烂的文化，积累了庞大的精神财富和物质财富，有大量的科技成果，有大量的利他行为，留下了令世人、后人称颂的美德。从这些结果来看，人类的行为是善的，这种善既有人天性善的成分，也有后天教育的成分，更有社会道德、法律法规规范的成分。当然，回眸人类历史，不可回避的一个事实是人类历史同时也是一部战争史。从古到今，人类要么为野心而战，要么为利益而战，要么为狭隘的信仰而战，甚至为一个美人而战。总之，战争是正义与邪恶之争，或是邪恶与邪恶之争。当然，除了战争，人类历史上还有很多害他行为，例如剥削。正因为人类天性中有恶的成分，并且把恶的本性转化为恶的行为，才会导致战争、杀戮、剥削等。

　　由此看来，人类大族群这个大生命体是善恶共存的，人类社会是好人和坏人、智者和愚者共同主宰的。人类进化的过程就是通过教育、法律和行政强制手段来抑恶扬善、扶正祛邪，使恶人不能恶、善人更善良的一个过程。

　　大族群的善与恶是由个体构成的，而个体的人有善人也有恶人，有的善人被恶人挟持，也会跟着作出恶行，有的恶人被善人制止，也就避免了恶行，甚至作出善举。所以，对于一个孩子来说，有什么样的家庭、交什么样的朋友、进什么样的组织十分重要。

《三字经》开篇即讲:"人之初,性本善,性相近,习相远。"孟子曰:"水性无分于东西,无分于上下乎?人性之善也,犹水之就下也。人无有不善,水无有不下。"亦言,"恻隐之心,人皆有之;羞恶之心,人皆有之;恭敬之心,人皆有之;是非之心,人皆有之。"可见,亚圣孟子主张的是"性善论"。荀子说"好恶、喜怒、哀乐、臧焉,夫是之谓天情",可见荀子主张的是"性恶论"。但荀子的性恶说,也是从积极意义上来讲的,故荀子又说:"性也者,吾所不能也,然而可化也。"汉朝思想家扬雄则认为:"人之性也善恶混,修其善则为善人,修其恶则为恶人。"佛教创始人释迦牟尼则认为"一切众生皆有佛性",其实也是性善说。综观古今中外,对人性论述得比较全面、比较深刻的是明朝著名思想家王阳明,其言:"无善无恶心之体,有善有恶意之动,知善知恶是良知,为善去恶是格物。"

　　以上先贤对人性善恶的分析和论述,尽管有的观点相悖,但其出发点和目的都是相通的,都是为了更好地教化人。性善论者是为了扬其善,性恶论者是为了抑其恶,善恶混者是为了抑恶扬善,他们的目的是让每一个人都能成为对家庭、对社会有用的君子,从而促进整个社会的进步、和谐、发展。

　　我对诸位先贤关于人性的研究做了认真的比较分析,并对身边亲戚朋友的孩子,包括一些双胞胎进行了非常细致的观察,得出以下观点:人性是善恶同体的。所谓善就是无私,而恶是自私,因为人有自然属性和社会属性。从自然属性的角度讲,因为基因的自我复制具有排他性,而人是基因自我复制的结果,故不例外。人作为群居动物具有社会属性,按照全息理论的观点,上代人的社会属性也会遗传下来,那么人的社会属性中自然就有自私和无私两面,也就有了"善恶混"的人。

如果用文学语言来表达，就是每个人心中都装着一个天使、一个魔鬼。天使善良无私是神性，魔鬼可恶自私是兽性，人是神和兽的混合体。人一辈子都在兽性和神性之间挣扎，当神性战胜兽性时我们就得到升华，作出的是利他行为；当神性败给兽性时，人就堕落，作出害他行为。所以，我认为人生修炼的过程就是要摆脱兽性，提纯人性，追求神性。

人虽然是善恶同体的，但个体差异很大，有的人善的成分多些，恶的成分少些；有的人善的成分少些，恶的成分多些。包括双胞胎，即便后天的教育环境几乎一样，但善恶之性在他们当中的占比也是有很大的差异。

人的本性包括原欲、原恶、原善三个层面。其中，原欲包括食欲、性欲、知欲；原恶包括懒惰、任性、嫉妒；原善包括爱己、爱人、爱物。

（1）原欲是人类生存之本，不食不得以生，男女不结合不得以繁衍子嗣，不求知不能趋利避害。原欲的食欲、性欲、知欲分别是生命、生存、成长的动因。原欲既是人类发展、社会进步的动力，也是社会动乱、人类相互伤害的诱因。原欲可以是善的，例如人们因为食欲去劳动、创造，甚至进行科技创新，创造更多的物质财富，这必然会促进社会的发展和进步。如果去偷去抢，掠夺他人的财富，当然原欲就是恶的。

（2）原恶是人类自私的天性，是基因自我复制的排他性，是人类求生的本能。

第一，懒惰。"馋好学，懒好学，勤谨就难学"。从人的本性上讲，大多数人都会有不劳而获的想法。如果这个社会上，不劳动就可以获得想要的一切，试问谁还想去劳动呢？幸福生活是靠勤劳创造的，这是人类后天实践的结果，是后天教育的理念。其实，懒惰还可以分为身懒和心懒两种，身懒即不做事、不运动、不勤劳，心懒则是不思考、不勤奋。在现实生活中，人到一定的年龄特别是衣食无忧的时候，这种天性就显现出来了，所以古人告诫后人"生于忧患，死于安乐"。

第二，任性。任性是和守规矩是相对应的概念。人的天性里不可能有规章制度这根弦，人是任性的，不守规矩的，是我行我素的。有句名言说："人生来是自由的，却处处受着锁链的束缚。"可见，任性也是人追求自由的天性。一个社会，如果只有一个人，或者一个人到深山老林里去做一个隐者，那怎么任性都可以。但是，人一旦融入社会、团体、组织，为了保证社会、团体、组织的有序运行，就必须遵守条款、规章、法律，换句话就是要有规矩。从个人的角度讲，人必须克制这种任性；从社会的角度讲，人必须改造这种任性，使之符合团体管理的要求。

第三，嫉妒。从本质上讲，每个人都希望自己在各方面都比别人强，比别人优秀。这方面在体育赛事中就看得比较清楚，大多数人平时无论怎样看淡名利，一旦上了赛场，勇争第一、争夺奖牌的劲头就马上表现在行动上了。然而，现实情况是天外有天、人外有人，所以很多人当他人比自己长得高、比自己生得漂亮、比自己有才华时，就会感到不舒服，这就是嫉妒。现实社会中，因为嫉妒而伤害社会、伤害他人的事件屡屡发生。当然，在后天的社会教育中，大多数人的嫉妒之心因为伤害他人需要承担道德法律后果而被压抑，这是人被教化后的理性对待。当然，也有少数优秀者因嫉妒而知道自己需要什么，并把其转化为奋斗的动力。

（3）原善，是人美好德行的根源，也是建立和谐社会的人性根基。爱己，使人热爱学习；茁壮成长，使自己强大和完善；爱人，让我们学会为他人着想，生长出仁、义、礼、智、信这些美德来，使人与人之间有感情、有温暖、有互助、有同情心、有悲悯之情；爱物，让我们热爱自然、尊重自然、创造财富，人与物、人与人良性互动，使得这个社会更加美好、和谐。

原恶、原善都是潜在的善恶，对社会没有伤害性和利他性，只有后天当善恶转化为具体的行为时，它才对社会和他人产生利害关系。

我们研究人性，是为了更好地教育人、发展人，是为了抑恶扬善、管住"魔鬼"，放出天使、摆脱兽性，是为了提纯人性、追求神性，让每一个人都有高尚的品德，诸恶莫做，众善奉行，使社会进步、发展、和谐。

人的天性除了有善恶之分，还有聪愚之别。智力有高低，体力有强弱，心力有韧脆。

《颜氏家训》讲："上智不教而成，下愚虽教无益，中庸之人，不教不知也。"例如，孔子属于"上智之人"，他以古为师，以书为师，以社会为师。可见，"上智之人"，你给他一粒种子，他就可以造出一片森林。"中智之人"，学而知之、困而知之。有专家发现，这个社会"上智之人"少之又少，而"中智之人"占90%以上。"中智之人"之间的差距就在于学习上的差距、毅力上的差距。所以，对大多数人而言，学习、教育是成长的关键要素。而教育中，最主要的是家庭教育，其次是学校教育，最后才是社会影响。研究发现，在一个人的成长因素中，家庭教育占51%，学校教育占35%，社会影响占14%。古人认为，"下智之人"虽教无益。对此，我的理解是"下智"乃是天生就有智力障碍的人，对于这类人群，政府、家长和学校要通过教育和反复的训练，让他们生活能够自理，让他们享受社会的温暖、父母的温暖，让人性至善的阳光照耀他们的心灵。

从主动和被动的角度看，人有四个独特的天赋，即自我意识、是非观、想象力、自由意志。自我意识，即认识自己、观察自己、设计自己和改造自己的能力；是非观，也可以是良知道德伦理，也就是能判断自己和他人在生活中的表现的是非能力；想象力，即展望未来、设计未来的能力，它也是创新的基础；自由意志，是采取行动的能力，即根据自己的判断，为达到期望的目的而决定采取什么样的行动的能力。因此，家长要研究和了解孩子的这四个独特的天赋，然后进行科学的教育，让孩子最大限度地彰显这些能力，让孩子的人格素养、行动能力得到合理开发，让孩子的人文天赋在后天的成长中开花结果，最终使孩子获得成长、发展的资本。

第二节　知人性情　扬长避短

在这里，我之所以用"性情"两个字，是想把气质和性格包含进来，即对一个人的先天气质和后天所形成的性格进行一个系统的分析。

心理学专家认为，气质是天生的，并把气质划分为胆汁质、多血质、黏液质、抑郁质四种。

其中，胆汁质具有外倾性，表现为直率热情、精力旺盛、容易冲动；多血质具有外倾性，表现为活泼好动、反应灵敏、乐于交往；黏液质具有内倾性，表现为安静、稳重、沉着、反应缓慢，沉默寡言，情绪不易外露；抑郁质具有内倾性，表现为情绪体验深刻，具有较强的感受性，富有想象力，胆小、孤僻。

气质是先天的，而性格的形成，既有先天的遗传因素，也有后天环境的影响，其包含有许多社会道德含义。性格主要体现在对自己、对别人、对事物的态度和所采取的行动上。性格包括四个成分：意志成分、态度成分、情绪成分、认知成分。

一、开朗型与内敛型

（1）开朗型：心理外向，情感外露，活泼好动，兴趣广泛，率性耿直，不拘小节，不够细心，容易冲动。

（2）内敛型：心理内向，情感深沉，冷静沉着，细心稳重，性情孤僻，不善沟通。

家长要把握孩子的性格特征，因材施教，因势利导，扬长避短，过其长者抑之，过其短者补之，帮助孩子打造理想的人格。开朗型的孩子，往往事事都会主动和父母交流，会将所思所想对父母全盘托出，其心理活动、情绪喜怒一目了然，有好事愿意第一时间与他人分享，有困难也愿意第一时间告诉父母，和父母一起研究沟通，解决问题。对于这种性格的孩子，父母要防止孩子取得成绩后在同学、同事面前过于张扬，也要防止其粗心大意，让孩子养成用心做事、用情对人、大气做人、精细做事的习惯。开朗型的孩子遇大事，在人生的关键结点，要学会深思熟虑，谋定而后动。因而，在人生的拐点，遇大决策、大问题、大规划的时候，开朗型的孩子的父母如能使孩子兼具内敛者的一些品质，让孩子在思考问题的时候能深沉、深刻一些，孩子的为人处世就比较完美了。

内敛型的孩子凡事都装在心里，有事自己扛着，不轻易流露自己的思想感情，不会和家长主动交流。对于这类孩子，家长要善于察言观色，主动和孩子沟通交流，走进孩子的心里。家长可以通过孩子的表情、行动来分析了解孩子的心理；通过关心、理解、帮助孩子让其敞开心扉。例如，孩子取得成绩时及时表扬，孩子遇到困难和问题时不要轻易批评，要循循善诱，帮助其分析研判。内敛型的孩子在不熟悉、不信任的人面前，往往会把自己封闭起来，而对于特别信赖又能理解自己并帮助自己解决问题的人，他们会敞开心扉。父母就是要做孩子最信赖的人，让孩子的情感有所依托，使孩子的所思所想能够得到理解，不正确的想法和行为能够及时得到纠正。同时，父母要鼓励孩子积极交友，融入团队，在学习中生活中和家长、老师、同学多交流、多沟通，使孩子在内敛内秀的同时兼具开放开朗的性格。这样，孩子才能积极融入团队，并得到他人的帮助和理解。

二、阳刚型和温和型

"男儿志刚，坦荡直爽，遇艰难险阻而不改心中追寻；女子至柔，勤劳坚韧，能化漫漫岁月为醉人温馨。"这是贵州黄果树瀑布《祭水文碑》对男人、女人的赞誉之词。阳刚多用于形容男人的"阳刚之气""阳刚之美"，温柔多用于形容女性的阴柔之美。一般说来，男性大多要阳刚一些，女性大多要柔顺一些，这是天生的性别差异使然。

（1）阳刚型：积极进取，有担当精神，有胆略和气魄，勇于探险，豪放外向，性格偏急，表达思想观点偏大偏急，语速较快，容易急语伤人，急躁冒进。

（2）温和型：沉稳儒雅，性情温和，体贴别人，善解人意，语缓声轻，懂得退让，易于相处。

父母在教育孩子的过程中，不能重男轻女，但在生活上要做到男女有别。对待男孩子要培养其阳刚之美、男子汉气魄，要求其有强烈的责任心和担当精神，但也要防止其逞匹夫之勇。因此，男孩子要有以理性、能力为前提的勇敢，要刚中有柔，要量力而行，要懂得退让与妥协，既能主导事理，又要学会和他人和睦相处。刚则折，柔则存，对于太刚的男孩要有计划地让其接受点挫折教育、挫折体验，让其刚而有度。例如，有的男孩在与同学发生争执时，一定要争个对错、输赢，挨同学一拳，一定要还其两拳，这时大人就要教育孩子，得饶人处且饶人，"饶人不是痴汉，痴汉并不饶人"。得理也要让三分，让人一次，不仅人际关系好了，也提升了自己的境界和心胸。男儿无性，寸铁无钢。对于太柔的男孩，父母要帮助其立骨塑型，塑阳刚之型。例如，对于说话小声小气的男孩子，要教其大声说话；对于做事拖拉的男孩，要逼其在规定的时间内完成任务。同时，家长平时要陪同孩子进行与孩子年龄相协调的运动。

　　我们的传统文化对女孩的要求十分严格，有专门的《女儿经》《女伦语》，要求女孩"行莫回头，语莫掀唇，坐莫动膝，立莫摇裙，喜莫大笑，怒莫高声"等。现代社会，男女平等，但女人的温柔韧性、厚德容人的美德不可丢，仍要彰显女人本色，让家庭和社会刚柔相济。对于女孩，要养其慈爱之心、温和性格、韧性韧劲，说话做事不急不躁，分寸拿捏到位，善解人意，有配合意识。"跑得快的人不是跑得最远的人"，在现实生活中，女性的韧性比男性的阳刚之气更有竞争力。近些年，考取公务员的女性远远多于男性，就是一个证明。当然，并不是因为女孩的智商比男孩的智商高，而是女性的韧性好，她们更有耐心把考试的内容读到烂熟于心，而大多男性缺乏的就是这种耐力。对于阳刚的男性而言，要多些悲怜之心，在阳刚处事的同时多考虑别人的感受，要特别注意因阳刚而强势，因强势而伤人，要做到刚中有柔、张弛有度；对于温和的女性而言，对家人、同学、同事要多一些体贴和理解，多一些担当，要做到柔而不软、柔中有刚、以柔克刚、以爱心化育他心。

三、严谨型与放逸型

（1）严谨型：严谨型的人，说话做事比较理性，自律能力好，规矩意识强，心思缜密，行为规范，但工作严谨而创新不足，坚持原则而灵活不足，生活有规律而缺乏幽默感。因此，严谨型的人适合做科研、律师、财务等工作。

（2）放逸型：放逸型的人说话随和，感性交友，情绪容易冲动，喜欢率性而为，不太在乎别人的看法，更在乎自己的感受，主张独特的人生体验和生活方式，给人的感觉是活泼有余而严谨不足。因此，放逸型的人适合搞艺术和做自由职业者。

大自然因为植物的多样性而五彩缤纷，人类因为各有个性和特质而丰富多彩。从团队管理的角度看，严谨型的人有大局意识、配合意识、团队意识，更受欢迎，更易于融入团队，当然也就更能得到团队成员和领导的赏识。从个性张扬、人生洒脱的角度看，放逸型的人更能绽放出生命的花朵，活得自由自在自主。因此，父母要了解孩子的性格，在尊重孩子性格的前提下对其适当塑型。父母要知道凡事都有个度，严谨是好事，过度严谨就是死板、教条，对于严谨的孩子要引导其学会灵活思考和做事。例如，有的小孩吃饭时间到了，父母也把饭做好了，但孩子不做完作业不吃饭。这时，父母可以引导孩子先吃饭，因为吃完饭再做也一样，而孩子如果坚持做完才吃饭，就会影响一家人的作息时间，打乱大人的计划和安排。如果灵活一点就能方便别人，那就应该灵活一点。

过分的放逸就是放纵，对放逸型的孩子，父母应要求孩子在不影响身心健康的前提下放逸，不能因为放逸而打乱作息时间。例如，孩子与同学或朋友半夜喝酒、吃烧烤，家长需从家教、安全的角度给予制止，告知其不能因为放逸而影响他人。同时，让孩子知道别人午休时，不宜大声唱歌。唱歌虽是你的自由，但不能影响别人，要懂得自我约束。另外，也不能因为放逸而违反规矩，要在遵规守纪的前提下放逸。作为社会人，思想、情感是自由的，可以不受限制地放逸，可以海阔天空地想象，这是优点，这甚至会成为创新发明的动力，但行动要受约束，要在法律、制度、规矩的约束下放逸，要在不影响他人、不伤害社会的前提下放飞自我。

四、乐动型与安静型

（1）乐动型：好奇、好动、好说、好交友、好旅游，喜欢从外界寻找快乐。

（2）安静型：喜静、寡言、善思、喜独处、常宅家里、内心丰富。

中医认为，少年时阳气在脚，故喜动善奔跑；三十岁时阳气在腹，故耐力好，劲最大；四十岁以后阳气在头，故心智成熟，善思考。可见，大多数小孩都是乐动型，这是天性。大多数孩子对外在世界充满好奇，什么事都想探个明白，都要问个为什么，只有少数孩子特别是女孩子会安静些，对自己专注的事可以做几个小时。如果孩子在其他孩子嬉闹时只作局外人，不积极参与，父母就要鼓励孩子多动、多思、多想，向外探究世界和社会。同时，也要让孩子知道动静相宜，在动的同时也能安静下来思考、休息；既要喜欢外在的世界，喜欢交友，喜欢热闹，也要喜欢自己，学会独处，学会安静，学会深思，让人生既热闹又有深度。

以上划分只是大体的、相对的一个划分，是为了研究方便和说明问题而作的一个粗略划分。其实，从反应快与慢的角度来看，性格还可划分为急躁型、慢热型；从胆子大小的角度可划分为大胆型、小心型；从思考问题大小的角度可以划分为战略型、战术型；从应对事物的角度可以划分为敏感型、迟稳型；等等。家长在陪伴孩子成长的过程中要细心观察、因势利导、正确引导。

这里需要说明的是,性格既有先天性,即生下来就具有的气质特质,也有在后天的成长中逐渐形成的性格特征。同时,性格也具有传承性,即父母和身边的亲人的性格的影响和熏陶,特别是孩子崇拜的人的性格对其影响会比较大。例如,孩子受父母影响,模仿形成的类似于父母的性格特征。另外,性格也具有可塑性,后天的教育、培养、学习、实践可以改造一个人的性格。作为家长,就是要塑造孩子的性格,不论孩子是什么性格都不能让孩子走极端,要扬长避短,发挥孩子的优势和特质,使孩子在做人上能做到善待自己、善待他人,能与人和睦相处,在学习、工作上有自己独到的思考和见解。当然,最理想的就是使孩子成为一个外圆内方并有自己的特质和个性,既有独立性又有亲和力的人。

第三节　遵循规律　陪伴成长

万事万物皆有规律,人的成长成熟也有规律,家长只有认识规律、顺应规律,才能教育好孩子,才能做到事半功倍。

一、传承古训

古人认为,0～6岁幼儿的生活照顾、情感化育主要是靠母亲,这个阶段母亲如果履职不到位,会让孩子受水火之灾,或发生其他安全事故,因为母亲是管生活的;7～13岁为童蒙,7岁还不送去读书,那是父亲的责任,因为父亲是管大局、管方向的。在学习阶段,孩子如果不用功、不努力学习,那就是他自己的责任,因为谁都代替不了自己的学习;孩子如果努力、用功学习,但老师师德差、学识浅,那就是老师的责任；老师教得好，自己也学得好，有本事有才学，如果没有名气，那是朋友、同学的责任，因为人不能自卖自夸，人需要朋友的宣传和推荐；如果朋友宣传、推荐了，但得不到重用，那是皇帝和各级官员的责任，因为他们没有唯才是举、人尽其用。古人的这种思想，表达了人成长的规律，表达了人是社会人，一个人的成长除了自己的努力外，还需要有家庭、学校、朋友、社会诸多因素的正向发力。

在古代教育中，古人把0～6岁的孩子称为幼儿（也就是我们现在所说的学前儿童）；把7～13岁的孩子称为童蒙，认为这个阶段是启蒙阶段（相当于现在的小学阶段），因此将这个阶段的教育称为启蒙教育，《三字经》《弟子规》《百家姓》《千字文》都是这个阶段的读物。当然，除了阅读，还有书写。古人把14～18岁的孩子称为少年，这个阶段的教育相当于现在的初中、高中阶段，这个阶段的孩子开始系统地学习"四书五经"。

古人认为"幼儿养性，童蒙养正，少年养志"，这表达了人成长的规律、教育的步骤和阶段。"幼儿养性"，即通过亲人的精心呵护、情感化育、性情熏陶，赋予孩子"人性"，使其养成"温良恭俭让"的品质以及安静、活泼、善良、阳光的性情；"童蒙养正"，即让孩子养成正确的人生态度、行为习惯和道德品质；"少年养志"，即让孩子确定人生的目标、志向和理想。

二、阶段特征

人是自然的产物，是自然的一部分，人生小宇宙，宇宙大人生。一年有四季八节，即春、夏、秋、冬，以及立春、春分、立夏、夏至、立秋、秋分、立冬、冬至。为了研究方便，我把人生也分四季八节。如果一个人能活到80岁的话，那么3岁之前在父母的怀抱里，就是父母特别是母亲的一部分，是由"人科动物"向人、向有人文转化的阶段。3~23岁左右可以称为少年，可以看成是人生的春天。其中3岁立春，一年伊始，人文的人生开始；4~13岁可以称为初少；14岁春分；15~23岁为成少，少年如春，茁壮成长。24~43岁为青年，可以看作是人生的夏天。24岁为立夏，人生的夏季伊始，其中24~33岁为初青。34岁为夏至，人生的盛夏伊始，其中34~43岁为成青。青年如夏，负重奋进，这个阶段的人精力最旺盛，责任最重，背负着社会的责任、家庭的责任、自己发展的责任，火热般的年龄，在火热般的社会中负重前行。44~63岁为壮年，可以看成是人生的秋天，是收获的季节。44岁为立秋，其中44~53岁为初壮，54岁为秋分。55~63岁为成壮。壮年如秋，平稳生长，人生基本定型，家庭稳定，事业有成，早年的投入有了丰厚的回报，但要继续努力，平稳生长，力求进步。播种人生的秋粮，虽不如春播之盛，但只要播种晚年总会有些收获。64~80岁以上为老年，如同人生的冬天。64岁为立冬，真正进入人生的冬天。其中64~73岁为初老，初老就是初冬。十月有个小阳春，这是一个美好的季节，各种责任已经尽完，接下来就是接受家庭和社会对自己尽的责任。在这个阶段，大多数人因为少了责任、多了时间，身体还有一个回健的过程。这个阶段要抒未抒之志，了未了之情，享未享之福。74岁为冬至，74岁以后为成老，也是人生的晚年，是真正进入严寒的季节，身体、智力都在快速下降，老年如冬，要恬淡生活。

本书接下来将重点论述少年阶段的特点和教育智慧。

三、启蒙教育

0~2岁，这个阶段的孩子是真正的幼儿，是民间喊的"小毛娃"，只有需求本能，没有生存能力，所以要依赖父母的照顾，特别是母亲的养育。这个阶段的孩子的化育比教育重要，情感的交流比知识的传授重要。老辈人讲三天的孩子能做伴，就是孩子三天可以跟他讲话了。因此，父母要假设孩子能听懂，能接受语言的熏陶。人类从出生睁开眼睛开始就有观察能力和交流能力，这叫开窍。幼儿阶段的孩子最善于察言观色，他们对表情的理解早于对语言的理解，因为表情是具体的，语言是抽象的。另外，因为人类在进化的过程中表情的产生早于语言，所以父母和孩子交流时，要以表情为主，要亲和慈祥，要高兴要笑，不能吓唬孩子，更不能用愤怒、难过、惊恐等不高兴的负面表情面对孩子，不能大声地苛责和批评孩子，否则会给孩子幼小的心灵留下阴影。所以，这个阶段给孩子的爱应该是无条件的，哭了就要抱，饿了就要喂奶、喂食，保证孩子有充足的食物营养和情感营养，建立起安全感和幸福感，培育出令孩子终身受益的正面性情。

3～6岁的孩子已经有语言表达能力，自己能行走，有简单的生存能力、是非判断能力。第一，父母要特别关注孩子的安全。孩子的一切言行，必须在父母和幼儿园老师的监管和控制之下，要防火、防水、防走失、防碰伤。第二，要多和孩子进行语言交流，教会孩子说话，提升孩子的语言表达能力。这个阶段的孩子，要会用语言表达自己的思想和需求，用语言表达对父母和他人的尊重。第三，要树立是非观念。从这个阶段开始，父母要有条件地爱孩子，要对孩子说不，要告诉孩子什么可以、什么不可以，教会孩子懂规矩、有规矩，让其知道不能说的不说、不能做的不做、不能要的不要。第四，要培养孩子的自立能力，让其知道自己的事情自己做，自己吃饭、自己上厕所、自己穿衣服、自己的玩具自己整理，学会帮大人倒垃圾、洗碗等简单的事。第五，培养孩子的共享意识，即玩具和小朋友一起玩，饮食和家人一起分食。在这个阶段，父亲母亲的教育都是不可缺失的。母亲的呵护喂养可以发展孩子的亲密性，让孩子被爱、知爱、会爱；父亲的抛高、扛在肩上、追逐嬉戏，可以扩大孩子的活动半径，培养孩子的独立性，让孩子勇敢、独立，有规则意识。

俗话说：三岁看大，七岁看老。幼儿阶段能够得到父母无私的爱和正确的呵护，孩子的人格是健全的，在未来的成长过程中就很少会出现极端行为，也很少会作出伤害他人、伤害社会的行为，其人格将会是健康、健全的。

四、小学阶段

7～12岁，按照现在的学制就是小学阶段，按照古人的划分是启蒙教育阶段，按照《黄帝内经》的说法是孩子进入发育的第二个周期，即"女子七岁，肾气盛，齿更发长""丈夫八岁肾气实，发长齿更"。

7岁之前是学前儿童，7岁开始是学龄儿童。这时家长要重视教育，要选择好老师，并适时和老师沟通，主动配合老师教育好自己的孩子。同时，要对社会环境进行选择，古有孟母三迁的故事，其实就是社会环境的选择。今天的家长，搬迁的条件大多不具备，但也要注重邻居、同学、亲戚、朋友对孩子的影响，注重电视网络、手机等媒体信息对孩子的影响。社会环境对孩子的影响既有正面的也有负面的，这个阶段的孩子大多数缺乏分辨能力，这就需要家长有分辨能力。对于正面的影响因素，父母和老师要给予鼓励并创造条件，让孩子多接触、多吸纳；对于负面的影响因素，父母和老师要限制孩子接触并进行纠正，家长和老师要用正面的教育去消除社会环境对孩子形成的负面影响，培养孩子在社会环境中明辨是非、抵御不良习气的能力。

小学阶段的孩子有以下四个方面的特点，即好奇心、模仿力、想象力、嬉戏性。这个阶段的孩子不受责任、规矩的约束，是比较随性的年龄，一颗童心，至清至纯。

（1）好奇心。好奇心是学习和思考的动力。好奇心是欲知外部世界，了解事物现象和本质的心理活动。因为好奇就要去了解、学习，通过了解、学习、思考这个过程，就会从中获取知识，外则认识世界、认识事物，内则获得知识和人生经验，从而促进人的成长。好奇心强的孩子只要接触到不熟悉的人和事就会去关注和思考，会问是什么、为什么，会向家长和老师提出问题，并盼望得到满意的解答。在这种情况下，老师和家长不能敷衍塞责、马虎应付，更不能因为无知而误导，要准确回答孩子的问题，启发性地回答，鼓励孩子做更深层次的思考。如果问题深奥，复杂到自己都搞不清楚，要实事求是地告诉孩子自己不清楚，待自己查阅资料或请教别人弄清楚之后再作回答，或者引导孩子去思考和研究。千万不能不懂还不诚实，糊弄孩子，更不能压制孩子的好奇心，绝对不能说"思考这些问题没用，不要乱想"，也不能说"你哪来这么多的为什么，烦死了"等，以免压制孩子的好奇心。其实对于孩子来讲，其不受既定知识常规思维的约束，会天马行空地想象，其在好奇、学习、思考的过程中，必然有一个"乱"和"空"的过程。家长和老师的责任就是要教育孩子，引导他们由乱想到有序地想，由空想到想实，最终正确认识事物背后的道理、原理、规则。

（2）模仿力。模仿力是学习的方法和能力。习者翅也，是小鸟跟大鸟学飞翔技术，习就是小鸟扇翅膀。模仿力是学习方法，也是做事的能力，是孩子向家长、老师及其他身边的人和事学习的能力。模仿的过程就是学习的过程，就是向他人、社会、自然学习的过程。从模仿力的角度看，一个人的生活学习环境非常重要，特别是人文环境非常重要。孩子只能模仿他们能看到、能接触到的人和事，因此从这个角度讲，人是环境的产物，有什么样的环境，特别是有什么样的人文环境就有什么样的人。俗话说"画家孩子识丹青，农家孩子知五谷"，说的就是环境使然。家长和老师都是孩子的主要模仿对象，家长、老师的一言一行、一举一动影响着孩子的成长，决定着孩子的层次和命运。因此，家长要特别注重自己的言谈举止，特别是在孩子面前时。当然，孩子的模仿对象不只是家长和老师，还包括他能接触到的所有的人和事，甚至包括家里的小动物，因此家长要创造一个孩子可以模仿、学习的好的人文环境。当然，家庭环境我们可以营造，自然环境和社会环境我们无法改变，因此家长要通过教育提高孩子对环境的分辨力和认识能力。我们改变不了风向，但可以调整风帆的朝向，让孩子学习和模仿正面的、有利于自身发展的言行，以及做人做事的方法、风格，并在模仿他人的过程中形成自己的行为习惯、风格和特质。

（3）想象力。想象力是创新的动力和源泉，是人受到外部环境刺激之后大脑对外部环境的回应，是观察、学习、思考的升华，是形成个人特质的核心因素，是个人成长、发展、创造的最根本的特质。人与人之间的差距，在很大程度上就是想象力的差距，就是在接触事物后在学习思考的基础上想象的方向、方法、内容、深度的差距。就整个社会而言，想象力是国家和民族创新的不竭动力，是社会进步、社会发展的软实力。引导和鼓励孩子发挥想象力，去思考自然、社会和人生，是优秀的、成熟的家长和老师都要思考和践行的事，是贯穿家庭教育始终的一条主线。把孩子感性的想象力引导到理性的、用科学精神和科学原理支撑的逻辑思辨道路上，形成一种辩证思维和科学精神的思考研究方式，是培养科学家、思想家、企业家、政治家等人才的主要方法路径。当然，想象力是发散性的,是最不受条条框框包括自然的客观规律限制的,可以漫无边际地想象,可以大胆地、不受任何条件约束地想象。而想象要变成行动需要小心求证,每一个行动的成功都是想象力取得成功的标志。当然,没有行动、没有成果的想象内容也不等于没有用,它也是成功的部分支撑要素,更重要的是,它还是个人的精神世界。想象力有多大,精神世界就有多大,人生的舞台就有多大。

(4)嬉戏性。喜欢玩游戏是孩子的天性。玩游戏既可以锻炼孩子的身体素质,也可以提高孩子的智力。过去,初中以前的孩子基本都是在嬉戏打闹中长大,这个阶段的孩子喜欢小朋友、小动物,喜欢和同学玩游戏,喜欢玩具,喜欢自娱自乐、讲自来话、自演自玩。大多数男孩爱枪爱刀,喜欢舞枪弄棍等偏运动的娱乐项目,大多数女孩喜欢玩布娃娃、做手工等偏安静的娱乐项目。家长要鼓励孩子玩,陪孩子玩,要选择安全、健康,既能锻炼身体又能提升智力的项目,让孩子在自己的监管下玩,玩出健康、玩出智力、玩出健全的人格。

根据以上特点,家长要从四个方面来塑造孩子。

(1)保护童趣。人生是用来奋斗的,也是用来享受的,奋斗的目的也是享受。习近平总书记讲"人民对美好生活的向往就是我们的奋斗目标",家长在教育、培养孩子的过程中,也要让孩子有一个快乐的童年、少年。初少,即小学阶段,孩子已开始背负起人生的责任,主要是自己对自己的责任,这些责任包括品德的确立、志向的培养、基础知识的学习、良好行为习惯的养成,但这些责任应该是轻松的,在娱乐中、在日常的学习中顺理成章、自然而然地掌握。初少处于家长、社会呵护的阶段,学校、社会特别是家长不能给孩子太多的学习压力,也不能要求孩子考"双百"、上特长班、上补习班,要让每一个孩子都拥有快乐的童年，要尊重孩子好运动、好嬉戏的天性，要让孩子近山亲水，玩水、玩泥巴，亲近大自然，上接天气，下接地气，亲近玩具，亲近小动物，培养孩子热爱自然、融入自然的情趣，让孩子在近山亲水中度过快乐的时光。人是群居动物，群居才能培养人的社会性，所以家长要让孩子和其他小朋友快乐地玩耍，有意识地引导孩子玩健康的实体游戏，用游戏团结孩子，用游戏培养孩子的团队精神，用游戏培养孩子的竞争意识。童年、少年是美好的、金色的、无忧无虑的，童年不知道时光的流逝，也不需要担心时光的流逝，时光易逝那是成人的感觉，与童年、少年无关。

（2）培养品德。品德是做人之本、立身之基。人和其他动物相比，人有良心、有品德。"好人"和"坏人"相比，"好人"品德高尚，有爱心，会替别人着想，而"坏人"有私心、贪心，自私自利，不会为他人着想，常常为己之利伤害他人。品德是衡量人品高洁、低劣的尺子。品德可划分为家庭美德、政治品德、社会公德、职业道德等。这些品德有的是少年时期需要掌握的，如家庭美德、社会公德，而有的则是成年和青年时期需要掌握的，如政治品德、职业道德，但好品德共同的基础都是要有爱心。虽然培养人的品德是贯穿人一生的主线，但少年阶段是打基础、构骨架的阶段，所以少年阶段的品德培养重于文化知识的学习。因此，父母要培养孩子的爱心，教育孩子爱父母、爱老师、爱家人、爱小朋友，尊重他人、帮助他人。学会和他人和睦相处，这是初少阶段教育的核心内容，也是教育的核心目的。在培养孩子的爱心时，不要局限于教孩子学会爱人，还要教育孩子爱自然、爱自己，学会自尊自爱。人只要从小有一颗爱心、一颗善良的心，一切做人的品质都会在生活、学习和工作中，以及在人生每个阶段的发展中自然而然地生长出来。

（3）打牢基础。初少作为人生的启蒙阶段，其实是人生打基础的阶段。打牢基础，首先是打牢身体基础，因为一个好的身体是快乐的源泉，是承载知识和思想的硬件；其次是打牢思想基础，因为爱心、品德、好学、上进、勤奋是健康思想的主要内容，也是人成长和奋斗的精神力量；最后是打牢文化基础，掌握基本的语言、文字工具，也就是要有过硬的阅读能力和书写能力，具备往前继续学习的基础知识。总而言之，初少时期不需要深奥的知识、晦涩难懂的道理，也不需要一张试卷做若干遍的重复劳动。小学教育是基础教育、常识教育，只需要让孩子学习和掌握基本的做人道理、做事技能、学习方法，以及基本的文化、科技、社会知识，让孩子具备进入成少阶段往前走的基质即可。

（4）习惯养成。少成若天性，习惯成自然。习惯是人的第二天性，习惯决定着一个人的品德，决定着一个人的生活质量和学习效果，决定着一个人的命运。初少阶段，家长一定要把培养孩子的行为习惯作为日常管理的首要任务，让孩子终身受益。良好的行为习惯包括的内容很多，在后面将安排专章论述。对初少阶段的孩子而言，其要培养的习惯主要包括好好吃饭，不挑食、不偏食；早睡早起，讲究卫生，爱干净，勤洗澡、洗手、洗脚；勤奋好学，不懂就问，今日事今日毕，遵规守纪，诚信守时；自己的事自己做，不麻烦家长和老师。有了这些良好习惯，就必然成为一个勤思好动、积极向上、身心健康、人格完善、生活有序、受人欢迎，每天都有进步，积小成为大成的人，进入初中，就可以很快地适应新的学习和生活环境。

五、成少教育

成少，也就是13~23岁，这是人生快速成长的阶段。这个阶段的孩子，生活上虽然还要完全依靠父母，但吃什么、穿什么、怎么吃、怎么穿，已经开始有自己的主见，并逐渐形成自己的定式思维，开始对人生、对社会有自己的见解，形成自己的价值观，甚至开始拥有信仰。

第一，生理上的变化。这个阶段的孩子开始进入青春期，按《黄帝内经》的说法，女孩14岁左右天癸至，21岁左右肾气平和，身高达到极值；男孩16岁左右肾气盛，天癸至，精气溢，开始长胡须，24岁肾气平和筋骨强劲，身高达到极值。这个阶段的孩子，男孩、女孩的性别特征趋于明显，喜欢异性成为一种必然。据统计，今天的孩子由于营养太丰富，加之外界给予的性信息太多，女孩来月经的平均年龄已提前到12.5岁，男孩第一次遗精的年龄平均已提前到13.8岁。性早熟，若得不到正确引导，孩子就会出现青春期性困惑，这是如今的初高中学生生理和心理上面临的一大问题。解决这个问题，一是父母要给孩子讲解生理知识，或者可以买几本国家正式出版的生理读本给孩子自己去学习；二是这个阶段是孩子快速成长的时期，家长要保证孩子营养合理，既不能让其营养不良，也不能因营养过剩而肥胖，同时要让孩子适当运动，通过运动释放能量后，孩子的情绪就能稳定下来并静得下心来学习。

第二，思想上的变化。家长们普遍认为孩子在小学阶段很听话，到了初中就"叛逆"，这其实是一种误解。所谓"叛逆"，是孩子成长的一个过程、一种状态，是孩子在思想上开始走向独立的一种表现。这时，孩子开始有自己的思想、自己的观点，但这种思想、观点又不成熟，处于知其然而不知其所以然的朦胧状态。当这种"状态"和父母的思想观点不一致时，必然发生冲突和对立，这时父母就会觉得孩子不听话，甚至叛逆，特别是当父母也不成熟、不老练时，这种对立和冲突会更严重。成熟、优秀的父母就是要帮助孩子拨云见日，助其从朦胧走向清明，让孩子正确认识生理上的变化，正确处理与同学的关系，特别是与异性同学的关系，树立正确的世界观、人生观、价值观，端正学习态度，使思想朝着成熟、健康、积极的方向发展。

第三，学业的重点期。这个阶段的学业包括初中、高中、大学三个阶段，是人生学业最重、需要吸纳知识最多、学业最集中的十年。这个阶段有三个重要的人生拐点，即中考、高考和就业。由于我国高考制度的特点和就业市场竞争激烈，高中三年是大部分中国孩子一生中最艰苦、学业负担最重的三年。当然，对于优秀者而言，这也是青春绽放得最美丽的三年。因此，父母要给予孩子最大限度的关怀、理解，以朋友的平等心态和孩子交流，正确处理高考和素质教育的关系，同时要正确对待高考成绩，根据孩子的学习成绩选好专业和学校，让孩子的理想和现实找到一个恰当的结合点。

综合以上分析，成少作为人生最重要的十年，需要家长和老师共同努力，帮助孩子做到收心立志、惜时勤学、把握拐点、自立自强，孩子才能真正成人，成为适应社会发展、有人文素养的人。

（1）收心立志。进入成少阶段，升入初中，意味着童年的结束，再也不能像小学那样把大量的时间用于童趣和玩乐。但这个阶段的孩子心智还不成熟，自律能力也差，他们一定会继续把初少阶段的玩心带入成少阶段，这就要求父母和教师适时进行教育和帮助，告诉孩子进入成少阶段，进入初中，要开始学着承担人生的责任了，要开始对自己负责，对自己的未来和人生负责，要收敛玩乐之心、散乱之心，要一门心思、专心致志地在学业上用功，要树立志向、立志成才，最后奉献国家和社会，特别要树立自己对自己负责的人生态度，把学习摆在第一位，用未来的目标引领今天的行动，为遇见最好的自己而努力拼搏。

（2）惜时勤学。成少阶段是人生最重要、最宝贵的阶段。成少阶段的所作所为决定着人生的境界和层次，决定着未来的发展方向和发展高度。珍惜时间、勤奋学习是成少十年的主旋律。古人常用"一寸光阴一寸金，寸金难买寸光阴""花有重开时，人无再少年""少壮不努力，老大徒伤悲"来形容成少时间的宝贵，激励孩子惜时。懒惰和短视是人生最大的敌人，凡勤学者必然惜时。

（3）把握拐点。人生的道路虽然漫长，但关键处常常只有几步，平时的努力和付出是战术问题，拐点的把握是人生的战略问题。战略是方向，拐点就是把握方向，使平时积累的量达到质的飞跃。

中考是人生的一个重要拐点，是人生大转弯的地方。在我国的县级层面，很多地方考高中比考大学难。上高中还是上职高、上学还是失学、上高中的英才班还是普通班、上普通高中还是重点高中，是两种命运的分水岭。虽然说决定人生命运的不是分数，而是人格素养，但是分数对人后天的发展同样重要。

高考又是一次决定人生命运的分水岭，高考考取大学才能有机会接受专业知识的教育，才有机会接受大学教育，接受大学人文的熏陶、专业技能的训练，才能为进入社会准备系统的专业知识，才能拥有更多的人脉。我们的现实是高考竞争非常激烈，高中三年很辛苦，高考制度不完美但公平。高中三年，从时间上看仅占80岁人生的4%，但它对人生发展的重要性却超过30%。从社会现实看，从个人发展的角度看，从实现个人理想抱负的角度看，辛苦三年考所好大学是值得的。总之，不努力就可惜了，努力了达不到理想的效果也就无怨无悔了，并且努力这个过程对今后的人生本身就是一笔财富。

成少阶段的第三个拐点是就业。俗话说"女怕嫁错郎，男怕入错行"，能否找到工作，能否找到一份理想的工作，工作之后能否有一个好的发展是人生的大事，是真正自立和发展的先决条件。当今社会，用人单位为了保证公平正义，凡进必考，所以学会考试是一种生存技能，既要把考试范围内的知识掌握扎实，还要学会把知识转化为能力，具备干事创业的真本事，做到考得起、干得好、能发展、能贡献。

其实，每一个拐点能否拐好，能否顺利地进入到人生的下一个阶段，不仅是关键时刻的决策问题，更重要的是平时的积累问题，如果平时积累不够，即使关键时刻有好的决策也实现不了目标。当然，平时积累到位，决策的关键时刻也要有战略眼光，要看得远，拿得准，不犯方向性错误。

（4）自立自强。成少十年，从用的层面看，要解决学业和工作问题；从体的层面看，要通过系统学习，实现思想上的自立、情感上的自立、经济上的自立，真正由一只小鸟变成一只独立飞翔的大鹏，实现自然人向社会人的转变，完成一个人的"大人之学"。思想上的自立，主要是形成自己的世界观、人生观、价值观、学习观，有判断是非曲直的能力，有自我管理、自我约束、自我塑造的能力，并形成自己的精神家园和思想体系，真正做到心智的成熟；情感上的自立，即能独立于父母之外，有自己的情感世界，正确看待亲情、爱情、友情，变依靠父母为被父母依靠，在情感世界变被动为主动，成为发出情感的热源；经济上自立，即有份工作，有稳定的收入，不再向父母要钱，用自己的收入安排自己想要的生活，对未来的收支有一个全面系统的谋划，并努力践行。

一个孩子只有真正做到这三个方面的自立，才成为一个真正独立的社会人，才能立足社会、融入社会，为组建自己独立的家庭创造条件，并顺利步入人生的夏季。至此，父母对子女的家庭教育工作才算基本完成。

第三章　以志统行　以力达志

　　立志当为人中杰，交友宜追超凡人。待人切莫分高低，上下结合始成器。

　　志可聚思，是思想的成果；志可统行，是行动的指南；志可明向，是人生努力的方向。立志是人生前行的动因，是人生奋斗的起点，是人生进入高速公路的入口。真立志者，乃是知行合一，以志统行，以力达志，终生拼博。

　　人文教育的第一步就是要把志立起。志不立，则向不明，神志混沌，不知走向何方；向不明，则力不聚，用力散乱，难有作为，随遇而安。可见，志不立，则百事难成，所以说有志者事竟成，志立者，方有志气、志向。

第一节　立志定向　奋斗起点

志是一个人心力的集中体现。心中所思所想,想明白,成形成熟之后,最终集中在一个"志"上,所谓"在心为志"是也。

立志就是确定人生的方向和目标,下定决心实现心中所向往的理想。志是一种心理状态,有志之人心中始终有一个理想,是用未来的目标来引领今天的行动。志是打造未来更好的自我,心中拥有这种理想就会时时鞭策自己努力奋斗。志是一种行动指南,立志之后,人生就有了明确的发展方向,随时都清楚自己的航向。志是一种生长方式,志乃士和心,即战士的心,战士的心就是永远保持一种战斗状态,始终斗志昂扬,要么准备冲锋,要么奔跑在冲锋的路上攻克一个山头后马上转向下一个更高的山头,生命不息,战斗不止。

《论语·为政》曰:"吾十有五而志于学。"在这里,孔子15岁立志学习,但学什么,并没有明确。可以这样理解,发奋勤学很重要,只要发奋学习,只要保持战斗精神,学什么都会有成果、有收获。立志是一个战略决策,它确定的是人生的大方向,所以称为志向,就是要知道自己将要到哪里去。行动有了统帅,我们的行为、时间和精力就能聚焦要事,正向发力。

其实立志之所以重要,是因为它可以帮助孩子在读书、学习、思考中寻找到成长的方向,同时它又是孩子未来学习、思考、行动的统帅。

立志是人生发展的重要起点，它就像高速公路的入口，一旦进入这个入口，以后的人生就是一种高速运转的状态，人始终奔腾在实现人生理想的快车道上，志气饱满，越挫越勇，也如大江大河百折不挠地奔向大海。

第二节　志向引领　路径明朗

　　立志达志的过程是一个复杂的心理和行为体系。为了说理方便，我打个比方，立志就像是下决心出去做一次长途旅行，达志就是长途旅行的整个过程。既然是长途旅行，那就要准备充分。一是要有一个明确的目的地。这个目的地在东边还是西边，出行前就要明确。志向也就是人生的方向，所以方向要对，方向比努力重要，方向对了，哪怕速度慢一点，也可以到达目的地。二是要选择路径。路径选择得好，就会少走弯路，节约时间，节约成本，事半功倍。三是要有充足的动力。出门前我们就要加满油，但这箱油肯定不够用，所以沿途遇到加油站都要把油加满。其实要表达的意思就是打牢基础，终身学习，不断充电，与时俱进，不断地吸纳知识，为达志准备足够的资本。四是既然我们行驶在高速公路上，我们就要熟悉高速公路的标识标牌，遵守交通规则，不闯红灯，不压实线，有规则意识，把规矩摆在前面，凭实力竞争，不走歪门邪道。五是道路总有边界，超出边界就要翻车。所以，做人做事要有边界意识、底线意识，不要为了目的不择手段，要正心正志，用正当手段去实现目标，所以需要配以高洁的品德修养。六是一个人远行总会感到寂寞和孤独，所以有条件的话不要做独行侠，要寻找志同道合的朋友，因为一个团队的力量永远胜过一个人的力量。

七是不要一路狂奔到达目的地，不要因为车速太快错过路旁的风景，要学会欣赏沿途的风景，在驿站、服务区适当休息。每一个服务区都是达志路上的一个小目标，要学会享受过程、享受分段目标给我们带来的快乐。张弛有度才能走得更远，劳逸结合才会更加幸福，最后才能把成功转化为幸福。

第三节　正确引导　因人立志

　　立志的首要问题是确定方向。打个比方，我们从昆明出发，目的地是北京，结果朝印度方向走，南辕北辙，不但到不了北京，而且会越走越远。志向的确定是一个复杂的自我认知过程，是一个与社会需求磨合的过程，是一个主观需求和客观现实相结合的过程，所以要确定适合孩子发展的志向，必须读懂孩子，读懂社会。要给孩子宽广的视野，因为孩子不可能确立认知范围之外的志向，每一个人的人生抉择都只能在自己的认知范围之内。宽广的视野可以让孩子有更多的比较和选择余地。父母需读懂社会，了解时代发展的方向和潮流，让孩子有看清看懂未来社会的远见卓识。这样，孩子才能树立远大的志向。鲁迅在日本留学时本来是学医的，但在他看到当时的国人在被列强欺凌、国破家亡之际仍然精神麻木，为生存、为个人利益，不惜丢掉人格甚至不顾廉耻之后，毅然弃医从文，为的就是唤醒国人沉睡的灵魂，从精神上而不是从肉体上拯救中国人。云南大学创始人唐继尧到日本留学，在国内时他报的是工科，至日本后却改工科为军事，并写信告知其父"工业缓不济急，不如学陆军，异时庶可为国家效用"，而其在日记里所记录的真实想法是"振修内政，为今日中国之要务，然非平凡之士可以为之，做得一技术，精细学者，不如得一雄才大略之英雄"。唐继尧后来的人生道路证明他当年所立之志是正确的。

志向的确立是时代性、社会性、民族性、个人偏好和家庭需求诸多因素影响的结果，其形成和达成过程十分复杂。

从国家层面讲，我们今天的孩子就是要为实现"国家富强，民族振兴，人民幸福"的中国梦而立志，把个人的志向、理想融入国家梦、民族梦中。当然，这里需要说明的是中国梦的实现，需要大智慧、大战略的伟人，需要创造发明的科学家，需要有战略眼光、有组织能力的企业家，以及学术造诣深厚的教授，但也需要千千万万的普通教师、医生、工人。如果把实现中国梦比喻成建盖一座高楼大厦，那么它需要大梁、柱子、椽子、砖瓦，我们当然要努力做梁柱，如果做不了梁柱做砖瓦也可以。每个人都为中国梦这个大厦添砖加瓦，大厦才能盖得好。做一个普通的劳动者，做一个合格的公民，在自己的岗位上兢兢业业，幸福地生活也很好，毕竟大多数的孩子未来会成为普通的劳动者，这是做家长必须认清的现实。过分苛责孩子，逼迫孩子做他们做不到的事，不是立志，是对孩子的摧残，是家长用自身的欲望来折磨孩子。

从社会层面看，社会在发展，一个人的志向不能和社会需求脱节，要与时代合拍。很多传统行业正在被淘汰或消失，如传统的锻打、刺绣、竹编等。很多优秀的传统文化正在被机器和现代工艺所取代，只能作为"非遗"来保护。同时，以互联网、智能制造为代表的新兴产业正在兴起。从文化的角度，我们可以面向过去钻研到一定的深度再转过来面向未来，而从科技的角度看，我们只能面向未来。

所以，我认为今天的社会是一个多元的、多层次的、多需求的社会，以高度发达的互联网为标志的智能时代已经到来，信息快速传递并已经全球化，以大数据、云计算、5G技术为后盾的智能制造，加速了各行各业的融合创新，科学技术的创新、更新更是突飞猛进；产品技术、思想更新换代的节奏加快，互联网已经渗透到生产、生活、经济、社会、文化、生态各个领域，互联网正深刻地改变着这个时代，引导着这个时代的发展。所以，要从时代发展的角度、社会需求的角度、有利于推动社会进步的角度立志，个人要从社会中吸取营养、寻找机会，同时也要为这个社会提供正能量，为这个社会的发展进步贡献智慧和力量。

从个人和家庭层面看，首先要看个人的天赋，要根据自己的天赋，扬长避短，选择自己擅长的专业。不可否认，有些行业没有天赋是做不好的。例如，小个子难成篮球明星，音质不好的人难成歌唱家。所以，父母要注意观察和研究孩子的天赋，发现孩子的天赋、潜质、优点，并将其作为帮助孩子立志的主要参考因素。先天不具备的天赋，后天很难弥补，相反，先天具有的天赋得不到发挥也是一种浪费。同样，有些个子高、体质好，完全可能成为一个体育健将的孩子，也会因为缺乏家长和老师的引导和训练，致使潜质被埋没；音质很好的孩子，开口唱歌就是好声音，但也会因为缺乏音乐方面的基础训练，只能做一个唱歌好听的人。

其次，要看孩子的兴趣。在学习生活中，孩子始终会表现出对某方面的偏好，学起来做起来特别有精神、有感觉，这就是兴趣。兴趣是最好的老师，围绕孩子有兴趣的事立志，孩子有兴趣做，就会做得很投入，也容易出成果。同时，孩子感兴趣的事，即使苦点、累点孩子做起来也会很快乐，孩子就能够在实现人生理想志向的同时提高幸福指数。当然，大人逼迫孩子做不感兴趣的事，也可以成功，但孩子不会快乐。

再次，看孩子的基础。立志是小学高年级、初中甚至是高中、大学的事。其实在每一个孩子立志之前，他的特点、爱好、兴趣、信念已初见端倪。语文基础好，还是数学基础好；耐力好，还是智力好，都会有所显现。因此，立志要看孩子的身体基础、智力基础和知识基础，还有思想基础。根据这些基础，至少可以帮助孩子确定大的发展方向，如文科类、理科类、音乐类、体育类等。

最后，看家庭需求。孩子作为家庭成员，对家庭有责任，因而家庭需求、家庭条件也是孩子立志的主要因素。从家庭的角度讲，以需求作为立志的要因也是合情合理的。例如，药王孙思邈就因为家庭需求、家庭责任、孝敬父母而立志。孙思邈7岁时，父亲得了夜盲症，母亲患了大脖子病，给家庭生活造成许多困难。孙思邈的父亲是个木匠，有一天，父亲在做木活时看到孙思邈在一旁发呆，就问他："儿子，你长大了要做木匠吗？"孙思邈回答说："我要做一名医者，好给父母治病。"后来，孙思邈从学徒做起，遍访名医，刻苦钻研，在给父母治好病的同时，还成了一代名医，成了中国历史上的药王，其所著《千金方》至今在中医界也是经典名著。孙思邈立志的出发点很简单，他是从家庭需求出发，从孝心出发。如今，这种立志方式对大多数家庭的孩子而言，仍具有借鉴意义。

第四节　科学识志　走出误区

立志的过程，是一个复杂的自我认知和对社会认识的过程，是理性思考的结果。以立志为中心，立志前有三个重要的节点，即念头、责任、信念；立志之后有两个重要的节点，即目标、愿景。所以，立志达志遵循这么一个过程，即念头—责任—信念—立志—目标—愿景。

（1）念头是一闪而过的想法，是瞬间的闪电，闪完就没了；多数念头不会点燃起火苗来。例如，幼儿园的小朋友你问他长大了想干什么，他们会回答想当飞行员、想当科学家，等等。当然，少数人的少数念头也会点燃起火苗来，但前提是这个念头不断地得到强化。

（2）责任，人生有三个责任，即对自己的责任、对家庭的责任、对社会的责任。有责任的人，才会有做人的信念，所以要孩子立志，必须先培养孩子的责任感，孩子有责任感就会积极主动地去思考、去行动。

（3）信念，是在学习工作中通过长期、反复的实践提炼形成的做人做事的相对稳定的观念，坚定的信念就是人生的价值观。信念是立志的先决条件，信念是对自己的志向充满信心，相信自己的志向高尚、可行，相信自己有能力去实现。信念同时也是立志之后达志的条件，只有信念坚定才能走完达志之路。

（4）目标，目者眼也；标者、标示也。目标就是用眼睛看得见的标示，是实现愿景的中间阶段、必经驿站；目标是在达志的过程中必经的、必须实现的节点。例如，一个初中生立志做一个优秀的医生，必须先考取高中，高中毕业必须先考取大学进入医学院，在医学院必须完成专业所有学科的学习，等等。

（5）愿景是人生立志的最终境界，愿从于心，所以愿景更远大。愿景眼睛看不见，要用心感知，它是自我设计的理想境界。

综观当今家长，帮助孩子立志往往有三个误区。

第一，错把念头当志向。孩子一时受外部环境刺激产生的念头不能作为志向。当父母的不能一听幼儿园、小学的孩子说想当科学家、想当宇航员，甚至想当伟人，就认为孩子是超常儿童，并以此认为孩子立志了，这是错误的。因为这些念头，都是一时激动一闪而过的观念，缺乏理性的思考，缺乏对主客观条件的分析。家长要不断地帮助孩子筛选这些念头，对于孩子不切实际的想法要帮助其筛选掉，不要让不切实际的想法成为孩子前行的负担。对于一些比较切合实际的念头，要帮助孩子不断强化、提炼、提升，帮助孩子把念头转化为信念，把信念转化为志向，把志向转化为行动。

第二，才不配志，志大才疏。望子成龙，望女成凤，是中国家长的共同特征。自己志向不大，对孩子的志向却要求很大，这是家长们的误区之一。理想很丰满，现实很骨感。这个世界超常儿童不超过1%，90%以上的孩子都是普通孩子，在未来的发展中也都是普通人。王阳明立志做圣人，张载"为天地立心，为生民立命，为往圣继绝学，为万世开太平"等做人至高的境界，大多数人做不到。我们可以心向往之，但不能作为孩子立志的标准，要以"吾十有五而志于学"来要求孩子，只要刻苦学习、打牢基础、练好本领，一般的志向都能实现。从家长的角度讲，都希望孩子有鸿鹄之志，然而鸿鹄之志易立，鸿鹄之才难求，志向太大，才不配志，必然会志大才疏，把理想变成空想，把志向变成笑柄。故父母帮助孩子立志，不能好高骛远，要向孙思邈学习，立足点很小，就是为了把父母的病医好，结果成就很大。这样，才能让孩子达志，志才协调。

第三，主宰孩子的志向。孩子的志向要让孩子做主，家长的错误在于把自己的志向强加给孩子，以自己的偏好代替孩子的兴趣，从思想上主宰孩子的志向和未来，甚至想控制孩子的思想和行为，结果孩子不理解、不认可、不接纳，那自然是徒劳的。成熟的家长要变主宰、控制为引导，根据社会需求、家庭条件，结合孩子的天赋、兴趣、特点等因素，引导孩子积极向上，引导孩子确立适合自己的人生方向，让孩子自己确定志向。从孩子心里生长出来的志向，孩子才会认真去践行，才能以才达志。

第五节　能力保障　立志达志

　　确立了志向的人生，就像一辆车驶入了高速路。要在高速路上跑得快，一是发动机的质量要好，二是要有充足的汽油。这里的汽油就是人的知识，而发动机是人的智慧。发动机就是使汽油充分燃烧并转化为推动汽车奔跑的能量，而智慧就是把知识转化为能力，以能力来助力奔跑，而源源不断的能力是保障目标、愿景实现的前提。所以，立志、达志必须有和志向相协调的能力。能力不足，就是志大才疏，最终是空有凌云之志，终变梦幻泡影。要拥有强大的能力，首先是要勤学，学习与志向相关的基本知识、基础知识、专业知识，为达志准备足够的"大米"；其次要思考、总结、创新，提炼出自己所特有的思想观念，训练出过硬的工作本领，有把大米煮成米饭的能力。

所谓以志统行，就是要以志向来统领自己的行动，一切行动都围绕着志向展开，把精力、时间集中在志向的实现上，变散为聚、变慢为快、变粗为细、变浅为深。换句话说，就是把分散的时间、精力、心思集中在与实现志向相关的学习和工作上，把慢节奏的学习工作方式转化为快节奏的方式，以只争朝夕的紧迫感奔向愿景；把粗放的学习方式、粗糙的做事方法转变成精细的学习生活方式；把浅学习、浅思考转化为有深度的学习和思考。总之，要有的放矢，聚焦靶心，最终才能实现目标、愿景、速度、质量的统一，真正做到以志统行，以力达志，让能力为达志保驾护航。

人的能力有多个方面，我习惯于将其划分为体力、智力、心力。其中，体力是人的潜能，是最低级、最原始的层面。体力的开发是最初级的开发，其开发的潜力十分有限。社会发展到今天，直接开发和应用体力，把体力直接用于创造财富的人越来越少，但这不能说明体力不重要。有一个健康的体魄，具备一定的体力，依然是人生幸福的基础，因为体力是承载智力、心力的平台，是开发智力、

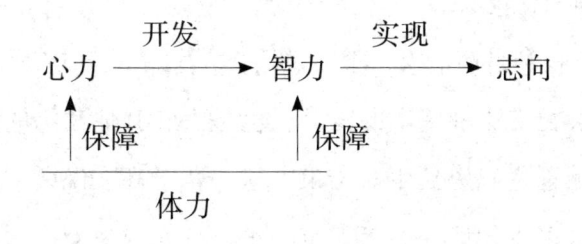

图3-1 体力承载着心力、智力、志向

心力的基础和保障。如果把人比喻成一台计算机，那么体力就是硬件，而智力和心力是软件。我们经常讲，硬件要硬，软件要软，所以在立志达志的过程中，在人生的整个旅程中，有一个健康的身体是立志达志、获得幸福人生的基础和前提。身体一旦出了问题，其他的一切就会坍塌。

第六节　开发智力　提高智商

先天的聪明程度称为智商，人文化了的智商称为智慧，智慧在做人做事中的应用称为智力。哈佛大学心理学教授加德纳提出了多元智能的理论，认为人的智能至少包括八种，即语言智能、逻辑、数学、空间、运动、音乐、美术、人际关系。这个理论虽然全面、系统，甚至深刻，但是太理论化。从好理解和好用的角度，从培养孩子学习能力、做事能力、生活能力、交流能力的角度，我把实现志向的智力方面的能力归纳为以下几个方面，即语言表达能力、写作能力、实际操作能力、社会交往能力。

一、语言表达能力

人最大的权利是话语权，学会说话，人生就等于成功了一半。

语言是人类交流最基本的工具，也是人和其他动物的区别之一。一个人从会喊爸爸妈妈到生命结束，这一辈子都在说话，当然谁也没有统计过说过多少句话。可以肯定的是，有人因为会说话而成就了很多事，有人因为说不好话而干砸了很多事。可见，学会说话，说有价值的话，是人的大本领，它对于一个人的生存、达志、发展，特别是对于构建良好的人际关系十分重要。

在平时的生活学习中，互动式的散话在不经意间就学会，但要系统地说一段话、说清一个事情，例如公务员面试、工作安排、重要场合的即兴发言，需要专业的训练和实践。

那么，怎样才能学会说话呢？

第一，要有目的性，即要看倾听的对象、场所。俗话说："送饭送给饥人，说话说给明人。"说话是说给别人听的，说话的目的是沟通，表达思想观点，表达情感，办成事情。所以，放东西看地点，说话看人头，要读懂人心，走进听者的心里，让对方听得懂、能理解，引起感情的共鸣，求得看法的一致，从而达到说话的目的。要看场合，什么场合讲什么话，在学校和老师交流主要是讲学习；在家里和家长交流，可以讲学习，也可以讲生活；在单位和领导交流则主要讲工作上的事；参加婚礼，要讲喜庆的话；参加丧事，不能大声谈笑，要讲些安慰人的话。

第二，要有思想性。说话是为了表达自己的思想，当然说话也就要有实实在在的意义，特别是在一些重要场所，在关键谈话环节要用最简短的语言清晰地、深刻地表达自己的思想，让对方一听就明白你的意思。这样，对方采取的回应语言和行动才不会走偏。

第三，要有知识性。每一句话都是由语言词汇构成的，话语里要给人丰富的信息量，就是话语里有丰富的知识、丰富的词汇。有丰富的知识才能谈古论今、引经据典，用经典的名言、用典籍里的故事来说明自己的思想和观点。在这里，知识就是力量，但是要通过语言的转化才会变成力量。

第四，要有艺术性。艺术性就是对语言词汇的驾驭能力，通过词汇的科学搭配、声音的抑扬顿挫等手法，艺术化地表达自己的思想和观点，让听者听你说话变成一种艺术享受。如此，对方自然会接纳你的观点，情感上更容易拉近距离。

第五，要有互动性。说话一定是两个人或两个人以上的交流，不要一个人一说到底，除非是讲座或者安排工作。一般性的交流，一定要和交流者有表情、肢体语言上的交流，话说完后要看对方的反应，特别是表情的反应，要留足够的时间和空间给对方表达思想、情绪，因为互动的交流对话才是最有效的谈话。

第六，要保持理性。人只有在理性的情况下才能作出正确的判断和准确的表达。一旦情绪失控，在行为和语言上就会有过激的反应。现实生活中，夫妻吵架、上下级吵架等都是情绪失控的表现。情绪失控下说的话，是个人情绪的一种发泄，不但不能解决问题，相反会把事情搞砸，把人际关系弄僵，所以在情绪不稳定的时候最好不要说话。

总之，说话是思想、知识、语言技巧的综合应用。说不好话，大多数时候是因为思想没有理清、知识积淀不够、语言不丰富、用词不准确。要说好话、说话要有魅力，就必须勤学善思、多讲多练。若你的思想深邃、知识丰富、驾驭语言的能力和水平高，讲出来的话自然就有清晰的脉络，有目的，有层次，条理清楚，别人听起来就容易明白并感到舒心。

说话是思想、知识的表达，其有自己的内在规律性，这是一门科学。说话是语言的灵活应用，是音与识的组织技巧，所以是一门艺术。学会综述，让人知道你要表达的中心思想；分板块去说，让人听上去条理清楚；用数字说话，让人听上去精准且有画面感；幽默风趣，使用多义词语、谐音、夸张的语言、打比方等，不但让人听了明白，而且听了舒坦；顺其心意，善解人意，就会收到人与人投缘、心和心相通的效果。

二、写作能力

古人把"立功、立德、立言"称为人生之"三不朽"。在古代，在科举考试的背景下，一篇文章定终身，所以古人特别重视立言。立言就是一种写作能力，写作就是用语言文字表达思想、观念、情感。写作就是把记忆中储存的知识、经验、思想、情感以书面的形式表达出来，是内在的思想和观念以文字的方式向外部转化。写作可以分为非功利性的表达和功利性的表达，即一种是非功利性的情感表达、思想表达、志向表达，如诗歌、散文、日记等；另一种是功利性、应用性的，如论文、公文写作、产品说明、合同、计划、规划等。

写作能力既是人文素养的内容之一，也是人文素养的一种外化形式。和写作相比，说话是散点式的，大多数时候是见子打子式的，一般是两人或两人以上的互动，而写作能够让知识和思想系统化，人通过写作，完整、系统、深刻地表达自己的思想、知识。以写促学，写5万字的材料必须要有50万字的知识作支撑，因此，从某种意义上说，会写作的人生才是成熟、理性、深刻的人生。

写作能力是个人综合能力的集中体现，是个人综合素质最好的证明。写作是不断组合素材，斟酌文字，转变角度，整合思想，反复提高的过程。俗话说，在文章中指挥千军万马，在笔尖上洞察世事人生。

说话和写作是人生的两只翅膀，话说得好、文章写得好的人会飞得更高更远。由此可见，从小培养孩子的写作能力、写作习惯，对孩子的成长、成才十分重要。

写作使人深刻，写作使人理性，写作可以培养思辨能力，会写作的人在社会上会有更好的发展空间。

要写出好作品,一是要有明确的方向。方向即写作的目的,也是写作的动力,不是为写作而写作,而是为目的而写作。二是要有深邃的思想。一篇好文章,一本好书,就像一个人,思想是骨架,知识是肌肉。所以,思想是作品的灵魂,是贯穿始终,把知识观点串接起来的红线,一切词语都是为了表达作者的思想、观点。没有思想的作品无异于是文字、辞藻的杂乱堆砌。无论写什么事总是要写出一个道理来,告诉读者自己的思想、观点和相关的知识。三是要有足够的知识积淀,要熟悉与写作内容相关的知识,并形成相对系统的知识体系。四是要有相应的写作技巧和相应的文字能力,能熟练地驾驭文字,表达准确到位。

写作体现的是一个人的综合素质,要提高写作能力,首先要做到以下几点。第一,善于观察。处处留心皆学问,人情练达即文章。在学习、生活、工作中要处处留心,善于观察,见别人未见之处,方可写出别人写不出的文章。同样的外部刺激,每个人的回应却不一样,原因就在于用心不一样,观察的深度不一样。用眼去观察,用心去思考,方可悟出象背后的理,理背后的道。第二,博览群书。腹有诗书气自华,"熟读唐诗三百首,不会写诗也会吟"。要读专业书,并做深度读,读出自己的思想,方能深刻创作;要读杂书,拓宽视野,广泛涉猎,才会有较宽的知识面。只有专业知识和较宽知识面相结合,才能成为复合型人才,也才能写得好文章。第三,多写多改。以写促学,通过写作来促进学习。书到用时方恨少,写然后知不足,知不足方知补短板。只有去写,才会知道自己会不会写,写得好不好。要在写作中学习写作,多写是锻炼写作的最好方式,是写作理论在实践中的应用。唯有多写方能学会写,方能出成果。多改,即文章是写出来的,也是改出来的,一次成型的文章少之又少，初稿形成后，推敲修改很重要，只有经过推敲修改，才能使思想更加深邃、系统，字词更精准，使文章严谨生动、表达到位。

三、实际操作能力

俗话说"嘴有一张，手有一双"，意思就是不仅要能说还要会做。在我们的传统文化中，能说能写是本事，但这还不是过硬的本事，只有把自己说的、写的变成行动、变成实事才是真有本事。换句话说，就是要知行合一、言行一致。

人世间的任何事都是二次创作而成的，都是心力、智力、体力的结合。第一次创作是在头脑中的思考、设计、计划，耗费的是心力和智力；第二次创作是从脑转移到手和脚，乃至全身心，通过体力劳动和智力，特别是和现代科技的结合，把二次创作的内容付诸实践，把想法变成现实，把图纸变成实物。

如果说说话和写作是第一次创作的表达形式，是图纸，那么操作能力则是把图纸变成实物的能力，把头脑中的想法变成现实的能力。所以，操作能力是以动手能力为中心的实践能力。

如果说第一次创作需要知识、逻辑推理、想象力乃至独特的天赋，那么第二次创作就是实际操作能力的反复实践，需要长期训练，没有捷径可走。

如果是一件简单的个体可以完成的事，那么一次创作和二次创作完全有可能由个体独立完成，即自己设计构想、自己操作。当然，家长要对孩子的构想和操作进行指导。如果是一件复杂的事情，那么一次创作和二次创作就不可能由一个人完成，更多的时候是由一个团队去完成。在这种情况下，一次创作和二次创作将会分开进行，由不同的人来完成，比如专利的发明和专利的应用。本部分讲的实际操作能力，重点是研究二次创作的问题。

随着社会分工越来越细，个人能独立完成的只是一些简单的事，稍微大一点、有规模的事，基本需要有组织的团队来完成。有团队就必然有分工，而一个团队必然有决策层面的人、管理层面的人、实施层面的人。如果你是决策层面的人，那么你的操作能力更多地体现在决策问题上，即决定做什么、做不做、怎么做的问题，这看上去更像一次创作。其实，决策者内心思考的过程是一次创作，拍板决策的瞬间就是二次创作。如果你是管理层面的人，那么更多的是需要组织能力，即要解决怎么做的问题，要把人、财、物诸要素组合在一起，让诸要素有序有效运行。如果你是实施层面的人，那么你的创作更多地体现为一种动手能力，即完成和配合他人完成某项或某几项具体工作。例如，某学校要举办五四青年节的晚会，决策者是校长，他要把举办晚会的目标定下来，把任务交给分管的副校长去抓落实，而这个分管的副校长和抽出来协助工作的老师和学生就是管理者，他们要制订具体的方案，把需要排练的剧目分解到每一个班级，而每个班的班主任和参与演出的学生就是执行者，他们要把自己负责演出的剧目的脚本变成可以搬上舞台的剧目，这个排练的过程就是二次创作的过程，而一次创作是由写剧本的作者完成的。

决策层面需要的是丰富的阅历和知识，以及远见、胆识、气魄、明确的目的；管理层面需要组织、沟通、协调，解决具体问题以及处理具体事物和人际关系的能力；实施层面需要的是责任心、精湛的技术、对业务的熟练程度，需要对每一个细节有精准的把握，凡事都要落细落小、落实到位。

总之，实际操作能力是把志向变成现实的必经环节，也是能否获得成功的重要环节。可以这样说，很多想法做到位就成了理想，做不到位就成了空想。

四、社会交往能力

人是社会人，每个人都是生活在一定的社会环境中，都是在组织团体中工作和学习。有情有义地交往，处理好和他人的关系，是个人的一种素养，也是个人生存生活的技能。所以，父母要培养孩子的社会交往能力，使孩子学会以一个开放的心态和他人交往，以收放自如的柔性交往方式和他人相处。

人之为人，不能独存。与人合和，方能活乐。人是社会人，是群居动物，人只有和他人有效地沟通和相处，才能快乐，才能发展。

人生总会遇到这样那样的困难，有困难就需要得到别人的帮助；人生也有成功和喜悦，这也需要和他人分享；人生要实现自己的理想，这就需要有志同道合的朋友、同事一起奋斗。可见，建立良好的人际关系既是做人之道，也是做事之要。

社会交往能力以人文素养为前提和基础，是与他人沟通、协调的能力，是和他人和谐相处的艺术，是和他人携手前行的智慧。人生就两件事，即做人和做事。用心做事，用情对人。和人相处就是要用情对人，善解人意，换位思考，替人着想，学会妥协，迁就他人，既会当主角也会当配角，既会主导也会配合。

首先，良好的人际关系受益的是自己。拥有良好的人际关系是周围人脉对自己的认可，而周围人脉的认可可以增强孩子的自信心，使孩子对自己的能力、人格魅力充满自信，身心愉悦，情绪稳定，心理阳光，热爱生活，热爱学习。其次，良好的人际关系可让身边的人都受益。孩子作为人与人之间情感的热源，会给自己带来自信和快乐，会给别人带去温暖。最后，良好的人际关系有利于构建和谐社会，有利于团队的团结稳定，有利于交往的各方事业的发展。反之，社交能力差，自我封闭，关系紧张，互不信任、互不支持，甚至相互拆台，会形成一种负能量，十分不利于孩子的成长。

当今社会，分工越来越细，人际关系越来越复杂，交往人员越来越多，交往频率越来越高，交往半径越来越大，人与人之间合作的程度越来越深，不与人交往难以做事，和他人关系不好很难成事。所以，说交往能力是一种生存能力、发展能力也不为过。

孩子的交往对象主要是指家庭以外的同学、老师、亲戚，其关系有同学关系、师生关系、朋友关系、亲戚关系。

交往有两种方式，即被动式交往和主动交往。被动式交往，也就是一切随事、随缘，处到什么程度算什么程度，没有明确的目的，没有计划，一切顺其自然。这种交往方式适合年龄比较小一点的孩子。主动交往，即主动权掌握在自己手里，自己把握和谁交往、处到什么程度。这种交往就要在沟通之前对交往对象有一个全面的了解，提前准备好做什么事、说什么话，以及什么时候在什么地点去沟通。主动交往是有计划、有步骤、有方法、有技巧的交往，也可以说是有设计的交往，即在心里面有个一次创作的过程，实际交往则是二次创作，是心中交往计划的实施。

要提高社会交往能力，有较好的交往效果，必须主动交往。首先，要明确交往的目的。这是为了做事，是功利性的交往。功利性交往的主导因素是交换，人情是相互的，要热心为他人做事，为他人考虑，交往中要给人以回报，要做到双赢。相反，仅求志同道合，心性相通，情感交融，那是非功利性的交往。非功利性的交往纯属交友，不计得失，不图回报，只求一起投缘，在一起快乐。交往时间长了，人与人之间互相取得理解和信任，功利性和非功利性的交往也是会转化的。其次，要明确交往的对象。比如，工作关系的交往喜欢或不喜欢都要交往，没有选择的余地，好沟通的人要沟通好，难沟通的人也要沟通好，并且难沟通的人能够沟通好才叫能耐，和难处的人相处得好才能证明自己好相处；而朋友关系则必须依据人品、才学、个性、特质、个人偏好进行选择。

最后讲讲沟通交流的技巧。第一要柔性交往，求同存异，和而不同；第二要换位思考，体贴和理解对方，要学会妥协、让步；第三要读懂人心，给足对方面子；第四要以情感人，以理服人；第五要原则性和灵活性相结合，处朋友要讲义气，但不能损德害人，不能违反国家的法律法规。总之，人与人交往的底线是零，宁可无交集，也不能交恶。对品质恶劣者敬而远之，对才高德厚者密而交之。社会交往是一门艺术，举目四顾有人因建立了良好的人际关系而顺风顺水，也有人因交往中处处碰壁而痛苦不已。家长要教孩子学会人际交往。建立良性互动的人际关系，既是培养孩子的方法，也是目的，更是孩子成长成才的路径。

第七节　心力强大　其志可达

是什么力量使我们将智力用在正确的地方呢？答案是心力，因为心力决定着智力的使用方向。是什么力量让智力持之以恒地应用在志向上而不衰退呢？答案还是心力，因为心力是智力持之以恒发热的动力。心力就是非智力的情绪因素体现在做人做事方面的能力。人与人之间最大的差距在于心力的差距，心力强大者方能行稳致远。心力可以划分为和商、胆商、逆商、恒商四个方面。

一、和商

和商，就是和自然、和他人、和自己搞好关系，形成良性互动，愉悦身心，共同发展。

（1）和自然搞好关系，就是适应自然环境，能够从自然环境中吸纳身体所需要摄取的空气、阳光、食物、水分，以及可以自由安全活动的空间范围，感受视觉和心理所需要的视野空间和景观画面。同时，一切行为都不伤害自然；相反，尊重自然，能促进自然生态良性发展。

（2）和他人搞好关系，就是人与人之间和睦相处，互相理解，互相帮助，互相欣赏，互相取长补短，互相成就，共同进步。

（3）和自己搞好关系，就是随时检视自己，随时和自己交流、对话，反观自我，不断清除负面情绪，理顺学习和工作思路，永葆立志时的精神状态，每天都以一个饱满的精神状态投入到工作、学习、生活中，每天都以一个新的自我出现在自己和公众面前。和自己搞好关系，最重要的是要有独处的能力。

独处是提升心力的基础，因为只有独处才能宁静，宁静才能深刻，深刻才能致远。独处是自己和自己交往，自己和自己对话。只有独处才能静心，静心才能内观，内观才会知不足，知不足才能专心学习，才能奋发图强，才能集中精力建设自己的精神家园。独处是人生的加油站，独处能深刻钻研学习，深刻思考人生，能系统谋划大事。能独处、会独处的人往往是谋定而后动，每逢大事和关键的时间节点、人生拐点，都能够想得清楚，看得明白，放得下心，提得起气，做得到位。

二、胆商

"狭路相逢，勇者胜"，这说的就是胆商。"舍得一身剐，敢把皇帝拉下马"，这叫胆商。胆商，就是一个人的胆识和气魄，就是面对突发事件、重大压力、重大问题、关键节点、强大敌人时，有敢于直面的勇气和决心。在人生的重大拐弯处，拐得好就上一个层次，拐不好就趋于平庸。所以说，人生的道路虽然漫长，但紧要处常常只有几步。胆商是人生转折点能否转好的关键要素，是干大事业者的必备素质。领着他人走的人必须胆商高，跟着他人走的人胆商低点也没关系。胆商高的人在面对艰难抉择时，会有一个良好的心理素质，任何时候都不会放弃，只会想办法应对，有面对困难、解决困难的勇气和决心，并且始终会从长远的、发展的角度去思考和解决问题，始终拿得出科学合理的应对方案。1950年6月，面对世界第一强国美国的飞机大炮、虎狼之师，以毛泽东为代表的中国共产党人和中国人民志愿军敢于亮剑出兵朝鲜，并取得了抗美援朝的胜利，在世人面前展示了中国人的胆商。

胆商低者面对困难和问题时，不是迎难而上，而是知难而退，望而却步，让智力、知识得不到应有的发挥，使思想境界、事功均在低位运行。

胆商高需要智勇双全，有勇有谋，知己知彼，既要敢于亮剑，也要有娴熟的剑法。否则，逞匹夫之勇，胆高手低，成事不足，败事有余，人生道路充满负能量。

三、逆商

俗话说"十穷十富不到老"，其所表达的意思就是人生有顺境、有逆境，有高峰、有低谷，有成功、有失败。

在顺境中成功时意气风发，心身愉悦；在逆境中失败时，情绪低落，心灰意冷，这是大多数人的正常反应。

老师常教育孩子失败是成功之母，其出发点是鼓励孩子，让其从失败中振作起来，找到奋斗的方向。失败之后不气馁，越挫越坚，从中吸取经验教训，并把这种经验作为今后奋斗的资本才是成功之母。例如，一个孩子考试考砸了，只有认真分析考砸的原因——粗心、基础不牢、知识点掌握不好、贪玩等，并制订出新的学习方案，把学习方案落实在行动上，下次考试才能取得进步。相反，如果不以为然，依然沉溺于游戏，每天脚踩西瓜皮，滑到哪里算哪里，下次依然考不好，甚至会更糟。

逆商是一个人面对挫折、面对失败、面对困难、面对逆境时能保持稳定的情绪，能理性地分析主客观因素，有战胜一切困难和问题的勇气，从而找到科学的能走出困境的路径，付诸实践，并有不达目的不罢休的毅力。

有句名言是这样说的："看一个人不能只看他站在高峰的高度，还要看他跌到低谷时的反弹力。"人心智成熟的标志就是拥有逆商，即能把逆境作为历练自己的机会，能在逆境中保持稳定的情绪，理性地思考，并能乐观地看到美好的未来。

只有逆商高的人失败才是其成功之母，因为逆商高的人在失败后更容易翻盘。逆商高的人懂得辩证法，看问题更具战略眼光，更会尊重别人，也更容易赢得别人的尊重。其实，有过逆境的人生才是完美的。

作为父母，当然首先自己逆商要高，其次要高度重视并培养孩子的逆商，有意识地给孩子一些挫折教育，并且该说不的时候一定要说不。在孩子遇到困难时，父母要引导孩子学会分析问题、解决问题，给予孩子走出逆境的信心和勇气，教其走出困难的方法和措施。只要把孩子的逆商培养好，把挫折作为磨炼孩子意志的磨刀石，那么孩子在今后的生活中无论遇到什么困难，都会自己去解决。若如此，孩子就算成熟了，父母就可以省心放心，父母只要站在旁边鼓励和加油就可以了。

四、恒商

恒商就是持之以恒专注于某一方面的学习和工作的毅力。俗话说："贵有恒，何必三更眠五更起；最无益，只怕一日曝十日寒。"其所表达的意思是做事也好，学习也罢，就是要有恒心，切忌"三天打鱼，两天晒网"。

一棵小树苗要长成参天大树，必须有上百年的时间。小树苗一旦长成参天大树，根深基厚，枝繁叶茂，抵御自然风险的能力就会很强，同时也就有了遮风乘凉的社会功能。个人亦如此。百年树人，一个人要成才，要在某方面有所建树，必须十几年、几十年如一日地努力学习、勤奋工作，把精力、时间聚焦在自己确定的志向上。

"九层之台，起于累土；千里之行，始于足下。"人的成长是一个由量变到质变的过程，只有量积累到一定的程度，才有质的飞跃。因此，一个人要成才，要达志，要成为内行、专家，必须有较高的恒商，几十年如一日兢兢业业地奋斗。马克思写《资本论》历经40年，试想马克思如果恒商不高，中途放弃，能写出改变世界的不朽之作吗？

恒商是心力的重要组成部分，是智力持续发力的保障。恒商高的人对于自己立下的志向，自己认准的目标，永不言败，永不放弃，几十年如一日反复研究，刻苦钻研。因此，家长首先自己做事要有恒心，要给孩子树立榜样；其次要给孩子讲清道理，人间万事出艰辛，没有持久的付出，就不可能有大的收获；再次要把持久奋斗的名人作为例子讲给孩子听，让孩子心目中有榜样；最后要从行动上陪伴孩子，从行动上管教孩子，把孩子的习惯培养起来，让持久学习成为孩子自然而然的行为。

第四章　家庭文化　成长阳光

　　家庭文化是照亮孩子心灵的阳光。所谓书香门第，就是孩子从小在拥有浓厚文化氛围的家庭中接受文化的熏陶，耳濡目染，在不知不觉中具备较高的人文素养。

　　一切文化都是人类生存方式、生活方法的提炼。文化的核心是思想，家长只有思想丰富，才能对孩子教育有方。那么，我们拿什么教育孩子呢？我们应该给孩子灌输什么样的思想体系和文化知识呢？家长应该掌握哪些思想，并对不同年龄的孩子灵活运用呢？

　　思想、思想，即所思所想。父母的想法，决定他们对孩子采取什么样的教法。父母的教育思想、教育理念是创作，用在孩子身上就是实践。父母的思想管不管用，当然要看实践。父母的想法不是凭空产生的，而是在学习和继承前人的基础上产生的，并在实践中不断地修正和完善。

第一节 儒家智慧

根据我国现阶段的文化特征和思想体系，同时兼顾理想和现实，我认为家长要教育好孩子，应具备六个方面的文化知识和思想体系——儒家智慧、道家智慧、释家智慧、民间智慧、商业智慧、红色智慧，并根据不同的孩子在不同的阶段灵活运用。

其中，说到儒家，大家首先想到的是孔子，因为孔子是儒家的创始人；说到道家，大家首先想到的自然是老子，一部《道德经》奠定了道家的思想体系；说到佛家，大家首先想到的是释迦牟尼，因为佛教就是释迦牟尼创立的。其实这三位老人家都是"轴心时代"的圣人、思想家。儒、道、释三家的思想都是从圣人大悲情怀中生长出来的智慧，是圣人心田里流淌出来的思想，其共同特点是：思想深邃，理想丰满；对人格要求至高，至善至美；由生存而生活，由生活而发展，由发展而超越。因为是圣人思想、圣人言教，所以其具有精英性，普通人心向往之，仰而视之。他们的学说中有很多智慧和营养，具有当代价值，值得我们汲取。

孔子是儒家创始人，是儒家文化的象征，是中华文化的符号、品牌，是中国文化的中心，后人称其为至圣先师、万世师表，称颂其学贯古今、金声玉振。所以，在中国人的心中，孔子是排名第一的圣人。孔子的弟子整理、记录的孔子的言行和部分孔子弟子言行的书《论语》，是中国人遵循的经典，我称之为"人学"。《论语》对后世的影响，至深至远，至宽至广。

儒家代代出人才，除了至圣孔子，大家耳熟能详的还有亚圣孟子，故有孔孟之道一说。此外，后世还有朱熹，程颢、程颐兄弟，王阳明等。

儒家的著作很多，比较著名的就是"四书五经"。"四书"即《论语》《孟子》《大学》和《中庸》，"五经"即《诗经》《尚书》《礼记》《周易》和《春秋》。

儒家思想来源于《易经》乾卦的智慧，即"天行健，君子以自强不息"。乾卦是天行健，它的卦德就是健，表示天体运行是不停息的。儒家认为，作为来之于自然的人，是天地合作的产品，原本就有健的功能，理应学习天的精神，积极进取，自强不息，敢于担当，对人生、对家庭、对社会都要有担当精神。所以，儒家后人一直以"铁肩担道义，妙手著文章"作为座右铭。

讲儒家思想，《论语》是基础，是核心。古人有"半部《论语》治天下"的说法，足以证明《论语》思想的深邃、系统。《论语》片言只语，但大多是警世名言；虽即兴而发，但一以贯之。一部《论语》虽涉及政治、经济、文化等人生方方面面，但其核心思想主要体现在三个方面，即为人之道、为学之道和为政之道。

（1）为人之道可分为四个方面：修己、孝悌、处世和交友。

第一，修己，就是自我修养。儒家的理想人格是君子之道。"质胜文则野，文胜质则史。文质彬彬，然后君子。"这句话的意思就是质朴胜过文饰就会粗野，文饰胜过质朴就会虚浮，质朴和文饰协调融合、内外统一，然后才可以成为君子。君子一般说来是和小人相对应的概念，主要指人格高尚的人。故有"君子坦荡荡，小人长戚戚""君子周而不比，小人比而不周""君子喻于义，小人喻于利""君子成人之美，不成人之恶。小人反之""君子中庸，小人反中庸"，等等。可见，修炼自己的方法就是修君子之道。

第二，孝悌，就是孝敬父母、友爱兄弟。子曰："弟子入则孝，出则悌，谨而信，泛爱众，而亲仁。有余力，则以学文。"意思就是说，小孩在父母跟前要孝顺，出外要敬爱师长，谈话要谨慎，言而有信，和所有人都友爱相处，亲近那些具有仁爱之心的君子；做到这些以后，如果还有剩余的精力，就用来读书学习。《论语》对于孝悌的论述还有"孝悌也者，其为人之本也""其为人也孝悌，而好犯上者，鲜矣"等。由此可见，孔子是把孝悌看作为人之道。

第三，处世，即指待人接物和与世人相处。孝悌主要讲家庭成员之间的关系，而处世则是讲与家庭之外的其他人的关系和社会的关系。例如，"夫子之道，忠恕而已矣。""己欲立而立人，己欲达而达人。""己所不欲，勿施于人。"学习孔子的处世之道，就是以仁爱之心、忠恕之道与人相处，以真诚真爱、宽广的胸怀、包容的心态对人，严于律己，宽以待人。

第四，交友，即结交朋友。首先，孔子讲了交友的目的："君子以文会友，以友辅仁。"其次，讲了交友的标准："益者三友，损者三友。友直，友谅，友多闻，益矣。友便辟，友善柔，友便佞，损矣。"再次，讲了交友的方法：一是知人，知人善交，听其言而观其行，对人进行综合考察，"视其所以，观其所由，察其所安。人焉廋哉？人焉廋哉？"这句话的意思就是要了解一个人应看他的言行和动机，观察他所走过的路径，考察他做事时的心境，这样，这个人真正的心思就隐藏不住了。此外，还有"众恶之，必察焉；众好之，必察焉"和"乡愿，德之贼也"的论述。二是诚信，"人而无信，不知其可也。大车无輗，小车无軏，其何以行之哉？"

（2）为学之道，是指做学问、治学的方法和途径。

学习的目的是提高自己的修养，"君子谋道不谋食""古之学者为己，今之学者为人"。学习的内容，"子以四教：文、行、忠、信"。其中，"文"是文献知识；"行"是行为，即为人的品行；"忠"是勤勉办事；"信"是诚信。忠信既是学习的内容，也是做人的理念，更是治国安邦的学问。学习的原则：一是要有好学的精神，"敏而好学"，"知之者不如好之者，好之者不如乐之者"。二是要不耻下问，"三人行，必有我师焉"。三是学思结合，"学而不思则罔，思而不学则殆"，"温故而知新，可以为师矣"。四是学以致用，"诵诗三百，授之以政，不达；使于四方，不能专对；虽多，亦奚以为"，其意思是熟读《诗》三百篇，让他处理政务，却做不好；让他当外交使节，却不能独立应对；书读得再多，又有什么用呢？用我们今天的话说就是要把书读活，不能做书呆子。

（3）为政之道，指治国理政的理念与实践。

在孔子的理念里，他的学生应该都是有知识、有文化、有志向的士阶层，他们为人、为学的最终的目的都是为政服务，治理好国家，服务于社会。为政之道的首要问题是领导素养：一是要以德服人，"君子之德风，小人之德草，草上之风必偃"，"为政以德，譬如北辰，居其所而众星共之"。二是要正直，一身正气，以正压邪，"政者，正也。子帅以正，孰敢不正"，"其身正，不令而行；其身不正，虽令不从"。三是要尽忠尽职，敢于担当，"先之，劳之"，"所谓大臣者，以道事君，不可则止"。四是要慎言慎行，子曰："多闻阙疑，慎言其余，则寡尤。多见阙殆，慎行其余，则寡悔。言寡尤，行寡悔，禄在其中矣。"也就是说,一言衰邦,一言兴邦,做领导的要在言论上杜绝失误,在行为上才不至后悔。

体现儒家思想的著作,除《论语》外,还有《大学》等经典。《大学》的核心思想为"三纲""八条目",它算是儒家的思想主线。

(1)"三纲"即"大学之道在明明德,在亲民,在止于至善"。

"三纲"之首是"明明德"。第一个"明"是明白、明了的意思;第二个"明"是光明,日、月、天地的意思,即光明、明亮。"明明德",即明白天地大德,打造个人的品德。那么什么是天地大德呢?我个人认为地球围绕太阳自转和公转是最大的天道,是主宰人类生存的宇宙运行法则。地球自转,始终有一半对着太阳,一半背着太阳,所以形成昼夜,产生阴阳。地球围绕太阳公转产生四季,即春、夏、秋、冬。所以古人认为:"天行健,君子以自强不息;地势坤,君子以厚德载物。"天道是永不停息的运动,地道是任劳任怨的承载能力。其实天地一体,其德是生生不息,化育万物,包括人类自己也是天地大德化育的结果。"明明德"就是要处理好人和天地、自然的关系,向天地学习,学习大自然的生生不息和厚德载物,塑造个人的高尚品德。

第二纲是"亲民"。"亲民"从字面上理解,就是和他人搞好关系,亲近亲人和身边的人,乃至天下的人,也就是"人之为人,不能独存;与人和合,方能活乐"的理念。亲民之道,就是今天提倡的构建和谐社会的重要方式。其实,"亲民"还有另外的意思,即亲者,新也。亲民也就是每天都要更新自我,不断学习并取得进步。"苟日新、日日新、又日新",意即今天的我应有别于昨天的我,知识与日俱增,思想与时俱进。

第三纲是"止于至善"。人要搞好和自己的关系,和自然的关系,和他人的关系。人一辈子都在生长，首先是身体的生长，其次是知识的生长，而最核心的是灵魂的生长。"止于至善"，就是心地要非常善良，以最大的善心善行对待他人和社会，达到最完美的境界。

（2）"八条目"即诚意、正心、格物、致知、修身、齐家、治国、平天下。

一是诚意、正心。诚意者，意真诚也。人生两件事，即做人、做事。要用心做事，用情对人，诚心诚意塑造自我，诚心诚意帮助别人。意诚则心正，意诚则志坚；志坚则可持久，持久则诸事可成。正心者，即心正也。万事皆发于心，心是人的主宰，心正则人正，人正则行正，心灵则人智慧。所以，想正其人必先正其心，修心之道在于静心、心斋。因此，家长要时时抖落心灵上的灰尘，向孩子学习，保持一颗童心，积极向上。

二是格物、致知。格物，即观察外在的客观事物；致知，即懂得其中的道理。今天的人格物、致知就是要学习、研究工作对象，既能看到事物的现象，更能看到事物的本质，即看到象背后的理、理背后的道；既要用眼睛去格物，更要用心去格物，不要让眼睛成为认识世界的障碍；要培养抽象思维，透过现象看本质，用科学思维、科技手段去格物，认识世界的本质，以获得科学有用的知识，认识世界，改造世界。

三是修身、齐家。修身是一个人的成长过程，是一个人终身要坚持做的一件事。修身要从德、才两方面修：一方面要修炼高尚的人品人格，做一个好人、善人、仁人；另一方面要从能力层面修炼专业知识，有一技乃至几技之长，有专业知识，有本事，能干事，为家庭、为社会创造财富。如此，德才兼备方为贤人。齐家就是家庭建设、家庭管理。家庭是社会的细胞，家是最小的国，国是最大的家。把家治理好了才能立足社会，所谓成家立业是也。家庭富裕了、和谐了，社会才会稳定，国家才会富强。

四是治国、平天下。人要有大志，志不大则行不远矣。有大志，必须有大才；有大才，必须有超乎常人的毅力。有大志，无毅力，无大才，则近乎于愚。其实治国平天下，是少数精英的事，一般人很难做到。因为在现实社会中，除了需要个人的修为，还需要配套的客观条件。治国、平天下是行大道，欲行大道者，必须有大德、大智、大权，几者缺一不可。处于下位的君子，无论你修为有多好，都难以治国、平天下，包括儒家的主要代表人物孔子、孟子也只是内圣，没能成为外王。所以，他们只能教授学生，传播思想，没有机会治国、平天下。虽受地位、权力限制，但每一个公民，每一个知识分子，都要有"国家兴亡、匹夫有责"的家国情怀。

俗话说，天有宝，日、月、星；地有宝，谷、果、蔬；人有宝，精、气、神。因此，我认为儒家的"三宝"是仁、孝、忠。

仁是对所有的人都好，善待所有的人，仁者爱人。当然仁者也要善其善，恶其恶。虽然要善待所有的人，但对于恶人恶行，儒家是主张斗争的，要以正压邪，而不是愚仁，纵容坏人。所以，这里的"仁"是有原则的"仁"，就像今天讲的以人为本是以好人为本一样。

孝是对父母好，对长辈好。同时，儒家也强调父慈子孝，父母有过也要劝谏，否则会置父母于不仁不义的境地。

忠是对君王好，对领导好，守住本分，做好本职工作，所以忠更多的含义是"勤勉公事为忠"。儒家也认为不能愚忠，"君正臣忠"。当然，要做到仁、孝、忠必须学习和思考，只有修炼好自己的人品才学，有高尚的人文素质，有正确的是非观念，才能最终落实在仁、孝、忠的行为上。

第二节　道家智慧

道家是中国诸子百家中最重要的一个派别。道家思想对今天的中国和世界都有深刻的影响。

道家的代表人物是老子、庄子。老子著有《道德经》，其正面表述了道家思想；庄子著有《庄子》，后世也称其为《南华经》，其以文学的形式来表达道家思想。其实，道家思想更具现代哲学味，或者说现代哲学传承了道家的智慧。道家思想最大的特征是具有辩证性、深邃性，其思想来源于《易经》，是《易经》中坤卦的智慧，即"坤至柔，其动也刚"。

班固的《汉书·艺文志》是这样评价道家的："道家者流，盖出于史官，历记成败、存亡、祸福、古今之道。然后知秉要执本，清虚以自守，卑弱以自持，君人南面之术也。"因此，后人把道家处世的思想归纳为"清、虚、卑、弱"四字。

（1）清，就是清静。远离尘世，远离喧嚣，远离热闹，内心清静。正如刘安主持编写的《淮南子·主术训》所言："非淡泊无以明志，非宁静无以致远。"水静则清，人静则智。做人要向水学习，善静，然后善于沉淀，有自净能力；清之反面为躁，重为轻根，静为躁君，冷静能控制浮躁。所以，道家极力主张戒躁，要求每临大事要有静气。前面讲过现代家长的弊端之一就是焦虑、急躁，所以家长要用《道德经》"清"的智慧来修炼自己，沉着、冷静、理智地教育孩子，做到清静无为，然后无为而无所不为，用以柔克刚、以退为进、以静制动的思想、方法来促进孩子的成长。

（2）虚，虚者空也，虚者无也。虚心，虚怀若谷。谦虚使人进步，谦受益，满招损。故《道德经》讲："虚其心，实其腹。"我们在教室里上课，房子是虚的，所以可以装人；杯子是空的，所以可以装水。人的心是虚的，脑袋是虚的，才可装思想、装知识。孩子的心是虚的，即一颗虚心，所以孩子容易接纳知识思想，学习能力强，进步快。成人之心不虚，有很多固有的知识观念，特别是经验，所以成人难以接受新知识，不容易听进他人的意见。也正因为如此，很多老师感叹，孩子教得会，家长教不会。我们今天学习道家智慧，就是要有空杯心态，虚其心，方能求真知。

（3）卑，既不是卑鄙，也不是卑贱，更不是卑躬屈膝，而是谦卑。谦虚而不自高自大，即善于处下。用现在的话说，就是要低调做人，即洼地效应。"江海之所以能为百谷王者，以其善下之，故能为百谷王""知其雄，守其雌""知其白，守其黑""知其荣，守其辱"，这些都是《道德经》谦卑思想的体现。其实，谦卑就是以柔克刚、以退为进的智慧。这跟我们今天社会上有的人有钱就骄傲，有个头衔就狂躁、不可一世，形成强烈对比。谦卑的智慧最可持久，让人终身成长，终身受益；躁狂则一时显山露水，很快就会栽跟头，故民间有"天狂有雨，人狂有祸"的俗语。所以，要修谦卑的智慧，而不是修躁狂的匹夫之勇。

（4）弱，即柔韧。善于守弱，柔弱胜刚强。刚则折，柔则存。老年人舌头都在，牙齿却都掉了，因为舌柔牙刚。一个人只有善于守弱，才会有朋友；一个人只有善于守弱，才会有人帮你；一个人只有善于守弱，才能避免麻烦。"人之生也柔弱，其死也坚强。草木之生也柔脆，其死也枯槁。故坚强者死之徒，柔弱者生之徒。"这句话的意思是，人活着的时候身体是柔软的，人死了以后身体就变得僵硬。草木生长时是柔软脆弱的，死了以后就变得干硬枯槁了。所以，坚强的东西属于死亡一类，柔弱的东西属于生长一类。柔弱能战胜刚强，前提是要久久为功，绵绵用力。所以，孩子学习差点、反应慢点不要紧，只要长期坚持学习，每天进步一点点，就一定能够成才。

综上所述，道家清、虚、卑、弱的智慧，就是善静者清，宁静以致远，虚怀若谷。谦虚使人进步，要善于处下，低调韬晦，善于守弱。

以上讲的清、虚、卑、弱，其实只是《道德经》"德"的部分在人事中的辩证应用。其实，和道吻合的德，就是守其本分，顺乎自然。童真无邪、活泼好动、好奇、富于想象力，是儿童之德；处世稳重、诚实守信，是成人之德。男人像个男人，有阳刚之气；女人像个女人，有阴柔之美。百姓遵纪守法，爱岗敬业，好好过日子，是百姓之德；领袖有大智，行大道，内圣外王，心忧天下，心系百姓，是领袖之德。

除德外，《道德经》首先自然是讲道，其1～37章为道经，是形成德背后的动力、能量。道包括自然之道和人文之道。故我认为《道德经》讲了至少这几层意思：第一，识道之道；第二，互赖之道；第三，渐变之道；第四，转化之道。

第一，识道之道。"道可道，非常道；名可名，非常名。无名天地之始，有名万物之母。故常无，欲以观其妙；常有，欲以观其徼。此两者同出而异名，同谓之玄，玄之又玄，众妙之门。"这句话，用今天的话来说就是："可以用语言表达出来的'道'，就不是永恒不变的'道'。可以用语言表达出来的名，就不是永恒不变的'名'。无，是天地的开端；有，是万物的根源。所以常从'无'中观察天地的奥妙；常从'有'中寻找万物的踪迹。有和无只不过是同一来源的不同名称罢了，有和无都是幽昧深远的，是宇宙天地万物之奥妙的总门。"

《道德经》的第一章，其实讲了两个问题，即什么是道以及怎样认识道、看待道，我把它归纳为"识道之道"。其所表达的思想是老子的宇宙观，即天、地、宇宙，日、月、星辰，有序运转，自有其理。要认识这种规律，只有冷静观察，深度思考，才能懂得其中幽深的道理。古人虽然缺乏科学手段来观察宇宙和自然，但他们的抽象哲学思维能力很强。我们今天对宇宙已有了更为深刻、科学的认识，知道宇宙其实就是一个大系统，银河系是宇宙中的一个子系统，太阳系是银河系的子系统，日、月是太阳系的一个子系统。月亮围绕地球转，地球围绕太阳转，太阳围绕银河系的中心转，其运行轨迹都是玄之又玄的。总之，都是小系统服从大系统，子系统服从母系统。地球自转产生昼夜，公转产生四季，故有春生、夏长、秋收、冬藏。其实，人文之道亦如此。一个治理有效、运转有序的社会，必然是家庭所有成员围绕家长转，职工在单位围绕领导转，乡围绕县转，县围绕市转，市围绕省转，省围绕中央转，中央围绕百姓转，以人为本，本固邦宁。其实，《道德经》最后一章对道作了简要的回答："天之道，利而不害；圣人之道，为而不争。"

知道，识道，遵道，用道，用现代哲学思想来表述就是有生于无，有复归于无。世界是物质的，物质是运动的，物质在"无"的虚空中运动；运动是有规律的，规律是可以认识的，认识规律是为了更好地顺应规律、应用规律。

第二，互赖之道。宇宙中的事物都是互相依赖而存在的，"天下皆知美之为美，斯恶已；皆知善之为善，斯不善已。故有无相生，难易相成，长短相形，高下相倾，音声相和，前后相随，恒也。是以圣人处无为之事，行不言之教。万物作焉而不为始，生而不有，为而不恃，功成而弗居。夫惟弗居，是以不去。"

万事万物都是相互联系的，事物之间都是有比较而存在，都是互为条件而存在，它们互为参照而定位。有丑才有美，有恶才有善，有无才有有，有短才有长，有难才有易，有低才有高，等等。没有了丑就无所谓美，没有了恶就无所谓善，事物有比较才存在，它们互相依赖对方而存在，互相依赖对方而彰显存在的价值。并且，这种存在和存在的价值，在一定条件下都是可以转化的。认识了这个道理，人就不会执着于一时的美与丑、善与恶、得与失，自然也不会居功自傲，也就看得开、放得下，心灵才会彻底自由。

第三，渐变之道。"合抱之木，生于毫末；九层之台，起于累土；千里之行，始于足下……慎终如始，则无败事。"涓涓细流，汇成江河，不积跬步，无以至千里。事物的发展变化给我们的启示是：一个人要成才，必须几十年如一日地勤奋学习；要成就一番事业，必须几十年如一日地勤勤恳恳地工作；要做成大事，必须汇聚大众的力量和智慧。急功近利、一蹴而就，都是不可取的；遇挫而退，半途而废，都做不好事情。始终如一、持之以恒，方能建成"九层之台"。

第四，转化之道。"五色令人目盲；五音令人耳聋；五味令人口爽。""持而盈之，不如其已。揣而锐之，不可长保。金玉满堂，莫之能守。富贵而骄，自遗其咎。功遂身退，天之道也。""曲则全，枉则直；洼则盈，弊则新；少则得，多则惑。"这些都是讲事物的转化之道，即好事会变成坏事，坏事也会变成好事，事物都是发展变化的，看似矛盾的双方其实会互相转化，做好事也会有负面影响。例如，母亲太贤惠，对孩子的事想得很周到，并代其做好，结果孩子的生活能力自然很差；相反，有些做父母的什么都不管，孩子还很自立。一个社会政策很好，特别是社会福利好，本来是好事，但是也会因此养出一批懒人。一个人知识太丰富，就会形成障碍，阻障其吸纳新的知识，结果会变得落后。所以，要学会辩证地看问题，要用变化的、发展的眼光看待事物，认识到凡事都有两面性。人生有逆境、有顺境，逆境未必是坏事，顺境未必是好事。逆境中要乐观，顺境中要谦虚、谨慎。

前面讲过儒家三宝，其实道家亦有三宝。《道德经》第六十七章："我有三宝，持而保之。一曰慈，二曰俭，三曰不敢为天下先。"这里表达了老子做人的思想：一是慈爱善良，二是节俭克己，三是做人不要锋芒毕露。老子认为，"舍慈且勇，舍俭且广，舍后且先，死矣！"道家"三宝"值得我们认真思考和践行，放在今天这个社会也很适用。

《道德经》五千言，明天道之根源，究万物之始终，谈做人之智慧，字字珠玑，句句名言，每一字、每一句、每一章都有深刻含义，充满了对宇宙万物运行规律的真知灼见，对人生智慧的辩证思考。除少数专门研究的专家外，一般人很难全面系统地把握《道德经》的思想，但这不影响我们从中汲取思想营养，将其作为家教的思想来源，借圣人之智慧，启迪孩子之心智，让孩子在圣人思想的照耀下，快乐地生活和成长。

第三节　释家智慧

佛教是比较古老的宗教，它是世界四大宗教之一，创立于公元前6世纪至前5世纪的古印度，创始人为释迦牟尼。佛教于两汉之际传入中国，在我国影响深远，对其信仰的人很多，不信仰但在不经意间受其影响的人也很多。

作为外来宗教，佛教能在中国站住脚并发扬光大、影响至今，主要得益于其传入中国以后和本土文化结合，吸纳了儒家和道家学派的一些人文思想，在保留其原有的宗教性质即出世这一基本教理的同时，也重视做人的问题，并且具有浓烈的人文关怀。今天的中国佛教是本土化了的中国佛教，其最重要的是有两个方面的创新：一个方面是禅宗，把成佛的思想由彼岸世界移到了内心世界，认为心即是佛，思想觉悟了就成佛了；另一个方面是提倡人间佛教，通过弘扬佛教道德，净化人们的灵魂和思想，欲使人间成为"净土"。

研究佛教之于教育的意义，要从教育、文化的角度入手，从家庭教育思想来源的角度看，无须从宗教的角度看。今天的佛教，特别是寺庙里的佛事活动，磕头、烧香、拜佛、求菩萨保佑等行为确实有迷信的色彩，要摒弃。在这里，我把佛教看作一种文化现象、一种哲学思想，从中汲取丰富的思想营养，为我所用。

一、自度之道

按照佛教的观点，人生有八苦，即生苦、老苦、病苦、死苦、爱别离苦、怨憎会苦、求不得苦、五阴炽盛苦。生苦，指分娩之时所产生的苦痛；老苦，指衰变时的苦痛；病苦，指由地、水、火、风增损而引起的病患苦恼；死苦，指舍离所受之身的苦痛，即寿命将尽，人们不得不离去时会产生诸多情绪；爱别离苦，分别离散、爱恨别离，均是人生之苦；怨憎会苦，指不由自主，不得不与憎恶者会合之苦；求不得苦，指不能如愿、不得所欲的苦痛，求之不得，拼尽全力最终灰心丧气，无法得到，实为苦；五阴炽盛苦，指色、受、想、行、识，遮盖了人的本性，使人心里承受迷惑之苦。因为有了这"五阴"，那贪、嗔、痴的心，就巩牢在这个"五阴"上头，就像火碰着干柴一样，会烈烈烘烘地烧起来——"五阴炽盛"，所以是苦。在现实生活中，孩子很努力，但高考成绩不理想，考不上心仪的大学，家长、孩子均苦不堪言。佛教认为，人生是苦多乐少的，人生具体的苦数不胜数。不过，这八种苦，是我们每个人都避免不了的苦。我们今天的人直观感受到的苦就是生老病死、爱恨离别。对于这种苦难，我们改变不了，那么我们对待苦难的态度就很重要了。同样的苦难，因为态度不一样，感受的结果也不一样。所以，有一种很正能量的观点认为：苦难对强者而言是一笔财富，是人生的垫脚石，可以垫高人生的高度；对弱者而言则是万丈深渊，会让人一蹶不振。

二、度人之道

人是社会人，要互相依靠。小时候接受家长、老师的度化，弱时接受强者的度化；长大成人了就要度化他人，强大了就要度化弱者。在佛教看来，只度自己不度他人的称为"自了汉"，永远都得不到圆满。佛教提倡自度度人，自己知道了、明白了、觉悟了还要让他人觉悟，让众生觉悟。就好比当老师的自己知道了，还要教会学生，不但要教知识，还要教方法，让学生懂道理、考高分。其实，老师教育学生的过程就是自度和度人的过程。

释迦牟尼其实和孔子一样，是一个负责任的好老师，所以他被佛教徒称为本师。释迦牟尼传授佛教、讲经说法就是为了度化众生，让众生开慧长智，离苦得乐。

其实从世俗的角度看，帮助人是人生价值的体现，是人生境界的提升，是人生格局的放大，也是构建和谐社会的需要；从佛教的角度看，度人才能自度，度人才能消除业力，才能得到福报。财布施得财富，法布施得智慧，无畏布施得勇敢。度人是慈悲心，是菩萨心肠，度人是"成佛"的必经之路。

三、"成佛"之道

度人之道，对一般人而言，能达到这两个层次——做到自觉觉他、自度度他，也就是具备很好的人品，很高的境界，人性就很纯正，心智开发就很有深度了。而"成佛"之道要求更高，可以说是一般人不能企及的理想境界。古今中外修道者千千万万，"成佛"者凤毛麟角，但作为一种最高层次的理想境界，心向往之，努力行之，还是有必要的。虽然今生今世成不了"佛"，但要走在"成佛"的路上，虽到不了山巅，但只要努力，每天都会增加高度。

这里需要说明的是，佛不是神仙，而是圣人，是大彻大悟、有大智慧的圣人。佛教博大精深，经论浩瀚，本书仅是将其作为普及家庭教育一个方面进行的简单的论述。

第四节　民间智慧

我国普及九年义务教育，使大多数人都识字、有文化，系统地接受教育，是20世纪80年代改革开放以来的事。在历史上，识字、有文化的人只是少数，大多数人是文盲。中华五千年的悠久历史中，有三个主要阶层：官吏阶层、士绅阶层和平民阶层。在古代，有机会接受系统教育的人毕竟是少数，多数人是目不识丁的文盲，是农民和手工业者。当然，平民阶层也并非没有智慧和文化。农民和手工业者也有自己的文化，这种文化是从土地里生长出来的，从锤子里锻打出来的，从艰难的生活中感悟出来的。这些"文化"通过智者的反复提炼，道理深刻，通俗易懂，简明扼要，好记好用，如民间俗语就是民间智慧。

民间智慧的特点是接地气，是普通人群的生活感悟、生存之道，既有实践性、现实性，又有大众性，它们滋养着一代又一代普通人的心灵，教育着一代又一代普通人的孩子。简单、适用的道理，教会广大民众的孩子们做人做事。

民间俗语涉及生产生活、做人做事等方方面面的道理，是民众对社会生活、人生经验的总结。其产生的社会背景是自给自足的小农经济，受自然环境的限制，受生产力水平的限制。其特点是在土地里面讨生活，靠体力劳动出财富，回报有限，获得的生活产品有限，一滴汗水一粒米，十锤十钻一颗钉。所以，我国形成了勤劳、节俭、知足、忍让的传统农业社会文化。

一、生财之道——勤劳

只有勤耕苦作，才能获得生活资料，才有生活来源，才能维持生计；反之，懒惰就会一事无成，挨冷受饿。因此，古人用了很多俗语来表达这种思想。例如，

> 人勤地生宝，人懒地生草。
> 一日之计在于晨，一生之计在于勤。
> 不要你屙金尿银，只要你见境生勤。
> 一勤天下无难事，皇天不负苦心人。
> 冷天不冻织女手，荒年不饿手艺人。
> 只要功夫深，铁杵磨成针。

天下无难事，只怕有心人。

　　只要功夫深，无事办不成。

　　吃得苦中苦，方为人上人。

　　天上不会掉馅饼，人才都是苦出来的，幸福生活都是奋斗出来的。要成才必须勤奋，勤劳者必然能吃苦。教会孩子勤劳，让孩子从小养成吃苦耐劳的品质。一方面，让孩子懂得生活的不易与艰辛，并把这种看待生活不易与艰辛的态度转化为奋斗的动力；另一方面，只要具备了勤劳勇敢、吃苦耐劳的品质，在今后的生活中，孩子不论遇到什么困难都会有信心、有能力去克服。如此，家长就可以放心让孩子走南闯北，远走高飞。

　　改革开放以前，我国以农业生产为主，大多数孩子必须承受在田里、在作坊里的劳作之苦、饥饿之苦、寒冷之苦。随着我国小康社会的全面建成，这些苦几乎不存在了，但为了孩子成长、成才、成熟，还必须让孩子吃苦。想让孩子成才，又舍不得给孩子吃苦，这是现代父母的通病。

　　（1）读书之苦。读书虽苦，特别是高中三年，真正用心读书之人，成绩优秀之人，过的是炼狱般的生活，但这是走向成功的必经阶段。

　　（2）劳动之苦。劳动是强体手段，劳动是财富之源，劳动是磨炼意志的磨石。学校和家庭要把劳动之苦作为磨炼意志的教育手段和方法。对孩子来讲，劳动效果不一定重要，但劳动过程很重要。

　　（3）批评之苦。大人都会犯错，何况孩子。大人犯错有自纠能力，孩子犯错需要他纠，老师和家长必须纠正孩子的错误，对孩子进行批评教育。孩子犯错时必须批评，并让孩子学会接受批评，要让孩子有是非观念、有挫折感，懂得自我反思。闻过则喜很难，人都是喜欢吃好吃的、听好听的，但必须做到闻过则改，因为这是做人必备的品质之一。

（4）分离之苦。老师、家长对孩子的培养和爱最终都是为了让孩子走向独立，远走高飞，在思想上、情感上、事业上自立。自立就意味着分离，分离就会有思念之苦，大人、孩子都必须承受。

（5）失败之苦。父母都是希望孩子的人生道路顺风顺水，然而失败是人生必须经历的，没有经历过失败的人，很难有大的作为，很难有成熟的心智。失败是痛苦的，能从失败中吸取经验教训，以更好、更正确的姿态去奋斗，这样才能成长得更好。

勤劳、吃苦是人成长、成熟、成功的两块垫脚石，是走向成功的通行证。要想孩子成才，就不要溺爱孩子，要舍得让孩子吃苦，给孩子正确的爱，而吃苦才是成长的资本。

二、生活之道——节俭

在古时候，因为生产力水平低下，在生活用度上必须开源节流，也就是要多生产，少消费。所以节约就是在产品量一定的情况下，可以让更多人消费，消费更长的时间。渐渐地，中国民间把节俭变成了一种习惯、一种生活方式、一种美德、一种修养传承下来。例如：

> 静以修身，俭以养德。
>
> 惜衣有衣穿，惜饭有饭吃。
>
> 新三年，旧三年，缝缝补补又三年。
>
> 由俭入奢易，由奢入俭难。
>
> 学问勤中得，富裕俭中来。

一天省一把，十年买匹马。

一粒米，千滴汗，粒粒粮食汗珠换。

生产勤在前，开支俭在先。

粗茶淡饭，细水长流。

生活简单，精神丰富。

节俭的反面是浪费。古人认为节俭是惜福，浪费是损德，是犯罪。今天的社会，是商品经济高度发达的社会，物质财富已经十分丰富，同时舌尖上的浪费也很严重。古人多是营养不良，而今天的孩子有很多是消化不良。今天的人，很多病都是吃出来的，很多环境污染是浪费出来的。虽然我们再也不用像古人那样小心谨慎地开源节流，但依然需要节俭。父母要教育孩子从小树立节俭的理念，养成节俭的习惯，懂得尊重他人的劳动成果，特别是父母的劳动成果；培养孩子的美德，把节俭作为一种家风，让孩子生活简单，精神丰富，少追求外在的物质享受，多追求内在的精神修为。

据我所知，美国有所大学，星期六中午师生统一不吃饭，学校将其作为一条纪律，作为教育学生知饿并节俭的一种方式。从家教的角度讲，对今天的孩子，只说理，不体验，效果不好。因此，父母有必要让孩子饿上一两次，让其亲身体验一下饥饿的痛苦，让其从心底里认识到节俭是应该的。

三、安心之道——知足

在古代，人们在土地里谋生，依靠植物的生长获取食物，而植物生长有其自身的规律，受自然的制衡，也常遇到灾害，因此，在科技不发达的古代，由于产出的产品十分有限，平民很难大富大贵。这是很难改变的现实，既然改变不了现实，那么只能改变认识现实的态度，那就是心态。既然拼搏了，也得不到，那么就只有知足，因为知足可以解除欲求不得带来的痛苦。所以，古人把知足常乐定作为重要的人生观。慢慢地，知足常乐也就变成了一种心态、一种修为、一种安心之道。

  知足常乐。
  知足者常乐，知不足者无乐。
  知足就是财富，贪欲就是贫穷。
  贵莫贵于无求，富莫贵于知足。
  平安是幸，知足是福，心静是禄，寡言是寿。
  宁可清贫自乐，不可浊富多忧。
  富贵草上霜。
  人心不足蛇吞象。
  糖弹专打私心人。
  鱼见食而不见钩，人见利而不见害。
  不贪便宜不上当，上当只因贪便宜。
  贪字近贫。
  吃了猪肝想猪心，得了白银想黄金。
  不摸锅底手不黑，不拿油瓶手不腻。
  苦干的人汗水多，贪吃的人口水多。

  知足作为安心之道，作为对待人生和社会的一种心态，在当今时代仍然具有教育意义。比如，原本幸福的家庭，因为人的不知足，贪图不义之财而坐牢，毁了一个家；由于父母对孩子的期望值太高，把孩子逼得离家出走，甚至跳楼自杀，造成了家庭悲剧。

当人的基本生活得到保障以后，人生的幸福程度，不与官大、官小成正比，不与钱多、钱少成正比，而与一个人的心态、远见成正比。当今社会是信息时代，是知识爆炸的时代，不努力就会落后，因此在物质层面我们要学会知足，而在精神层面、知识层面我们要不知足，要永远走在自我更新的路上，终身学习，过精神丰富、生活简单的日子。

四、处世之道——礼让

小农社会的另外一个特点是抵御天灾人祸的能力特别弱。在古代，一个家庭如果死了一头耕牛，就不能正常生产；死了一头猪，次年就没有肉吃；一亩地被冲毁，来年就要闹饥荒。季节不到，庄稼就不会成熟，想吃也只能忍到庄稼成熟；和人打场官司，就要倾家荡产。同样，忍让是生产生活条件所迫，是一种自我保护的方式，是放低身段做人。慢慢地，忍让演变成一种性格。在忍让的过程中，人们学会了忍让的方法和技巧，于是就有了礼让。忍让升华成礼让，是一种文明。忍让、礼让成为与人为善、构建和谐社会的良方，中华民族就成了礼仪之邦。

忍得一时之气，免得百日之忧。

忍人让人，礼多不伤人。

事不三思终有悔，人能百忍不自忧。

忍气吞声是君子，见死不救是小人。

气是无明火，忍是敌灾星。

忍是身之宝，不忍祸之殃，思量这忍字，好个快活方。

忍让非懦弱，自大终糊涂。

103

能忍自安，知足常乐。

退一步海阔天空，让三分心平气和。

小不忍则乱大谋。

饶人不是痴汉，痴汉并不饶人。

路遥知马力，日久见人心。

心中有了大目标，泰山压顶不弯腰。

与人方便，自己方便。

让人三分处世，退一步做人。

在现代社会，忍耐、忍让、礼让依然是我们做人处世的法宝。要读书成才，必须忍耐十年寒窗的艰苦，久久用功，绵绵用力，持之以恒。与人交往，必须包容不同性格的人，对观点相左的人要忍让，利益上有冲突要忍让。我们经常讲的冲动是魔鬼、冲动必然情绪失控，讲的就是这个理。情绪失控，就会产生过激行为，导致不良后果，只有忍让、礼让，甚至把对方尊重到不好意思，才能理性地处理人际关系，才能磨炼自己的坚强意志，才能彰显自己的人格修养。

第五节　商业智慧

改革开放以来，我国的经济形态，已经由小农经济、计划经济转化为市场经济，并且我国商品经济已经走向世界，经济全球化的格局已不可逆转。市场经济的本质是商品生产、商品流通、商品交换、商品消费，货币与商品是社会产品的主要物质形态。改革开放以来的市场经济造就了今天高度发达的商业社会，商业主导着社会的物质财富，也深刻地改变了当今社会的文化生态。经济基础决定上层建筑，生产力决定生产关系。经济形态变了，文化形态也必须要变。新的经济形态必然产生新的文化形态，商品经济催生的商业文化也必然体现商业化的特征。

商品经济催生商业文化，从求利润到做慈善就是商品经济向商业文化的转变和提升。无论是商品经济还是商业文化都是当今社会的文明成果，商业文明是制度和智慧的高度契合，商业文明汇聚了大众创业、精英创新的智慧，商业文化主导着当今社会的人际关系。

我们今天生活的社会是个高度发达的商业社会，认识商业社会，从商业社会中总结提炼出商业文化，有利于更好地发展经济，也有利于更好地教育孩子，让孩子在享受现代物质文明的同时，从物的层面升华到物背后的精神层面、思想层面、文化层面，特别是让孩子懂得这些丰富的物质财富背后的奋斗精神，这有利于孩子的成长和成熟，也可以避免孩子在安于物质财富的享乐中沉沦。

一、分工协同——合作精神

现代商品经济的特征是工业化、规模化、市场化。商品生产是市场经济的起点。工业化的特点是分工越来越细，专业化程度越来越高，最终成品是零部件的组合，一个产品有若干个部件，一个零部件一条流水线，一条流水线有若干个工艺和工序。产品从一条又一条的流水线上流出来，流水线上的工序前后衔接得非常紧密，各个零部件从质量到数量都是无缝对接。成品配套之后，生产要和流通配套。无论哪个环节出了问题都会影响全局，因而这种分工协同的生产方式所孕育出来的文化就是合作精神。

合作精神是商品经济的内在要求，是商业文化的基质。

传统社会是小农经济，小国寡民，可以老死不相往来，可以各人自扫门前雪，休管他人瓦上霜；传统社会是唱山歌，可以各唱各的调，各吹各的哨。现代社会可不行，现代社会是交响乐，必须协调一致。

现代社会是个大系统，每一个行业，每一个板块，都是分系统；每一个企业，每一个产品，都是子系统，子系统下面还有"孙系统"。系统有序运行的基本要求，就是相关要素的协调、协同、匹配。所以，合作精神作为商业文化的基本特征，就是要有大局意识、团队精神、协同劳作、同向发力。家庭、学校、单位都是一个团队，团队需要好的基调和氛围。每一个团队里，大家分工协作，成员之间彼此联结。从个人的角度讲，可以从团队中获取知识、经济、财富、情感；从团队的角度讲，需要每一个人贡献智慧和力量，履行好个人义务，尽到个人的责任和本分，和团队成员之间分工合作。合作是生存之道，是商业之道，是商业催生的人文精神。

二、等价交换——互惠精神

商品被生产出来之后，面临的唯一选择就是销售。每个生产者都急于把商品变成货币。因而，商家做广告，本质上就是让商品以更快的速度转化为货币。

销售受价值规律影响，价格围绕价值上下波动，并受供求影响。供大于求时，价格下跌；供不应求时，价格上涨。表面上看，这是商品与货币的交换，实际上是商品与商品的交换，劳动与劳动的交换，智慧与智慧的交换，只是为了方便，必须通过货币这个特殊的商品——这个一般等价物进行交换，这种交换要反复持续地进行，其背后有看不见的手——"价值规律"在起调节作用，其内核就是等价交换。等价交换的文化理念就是一种互惠（双赢或多赢法则）。

交换其实就是不同行业、不同产品之间的分工合作，各行各业通过交换被纳入社会体系中。交换促进分工，促进社会有序运行，让参与劳动建设的每一个人都贡献自己的劳动和智慧。交换让生产专业化、规模化，使产品丰富，令生活富裕，让人们获得自己想要的产品和服务，满足人们的多种需求。可见，通过互惠互利的公平交换，促进社会分工和社会发展，促进各行业有序运行和融合，把所有人的劳动和智慧都融入市场中，融入商品经济的洪流中，通过交换发挥每一个人的特长，使大多数人在经济上互利，文化上互惠，各得其所。

互利成为一种商业行为，互惠就必然成为一种商业文化。互惠本质上是一种交换，是一条可持续的中间路线。

无私和自私是两个极端，自私是人性丑恶的一面。社会鄙视自私，因为自私可能导致害他行为。无私是社会提倡的美德，但只有少数人在少数时候能够做到。无私对无私者不公平，对于自私者会娇惯出不劳而获的惰性。而以双赢和多赢法则为前提的商品等价交换原则，其所体现的互惠文化是相对公平的。互惠精神作为一种商业文化被普遍认同，其在商业之外的人际交往中，同样非常适用。俗话说人心换人心，八两换半斤，人与人之间的感情也是需要双向互动的。你敬我一尺，我敬你一丈，你帮人人，人人帮你，这其实也是一种互惠的交换。其实互利成为商业法则，互惠精神成为一种商业文化，是一个社会文化成熟的标志。

国与国之间的政治分歧，阻挡不了商品的流通与交换。广阔无垠的太平洋隔不断中美之间的生意往来，原因就在于这种往来是互利共赢的。

三、追求卓越——创新精神

传统小农经济，因为在土地上讨生活，产出有限，所以人们要从心态上知足，当然也是不得不知足，因为欲求不满，不能促进生产力的发展，反而会带来苦恼。而现代商业社会，一切皆有可能，只要不断努力，不断创新，就可以生产出更多更好的产品，取得更多的成果，过上更好的生活。所以，今天的社会要敢想敢干。做不到就叫妄想，做得到叫理想，知足就会平庸，知不足就会努力奋斗、创造奇迹。所以，商品经济永不停歇，永远不知足，没有最好，没有最多，只有更好，只有更多。当代中国正是因为拥有这种永不满足的奋斗精神，知识才会爆炸，各种专利才会层出不穷，物质财富才会极大丰富，国家才会富强，人民才会幸福。

这种对财富的渴望——包括物质财富和精神财富——所激发出来的奋斗精神的文化内核就是创新。创新从个人知识思想观点、技能的层面来看，是一种自我否定、自我更新、自我发展，这也符合儒家"苟日新，日日新，又日新"的理念。从社会层面看，创新是社会、国家、民族发展的不竭动力，是一个国家发展的根本力量源泉；从商品层面看，创新是不断提高科技含量、文化含量的过程，其提高产品使用效果，赋予产品更多的功能与价值。

创新作为商业文化中的动力部分，分为理论创新、制度创新、观念创新、产品创新、工艺创新、技能创新、思维创新，等等。其实，这些创新归纳起来不外乎深度创新和组合创新，即无中生有、有中生奇、奇中择优。当今社会，创新已经成为一种文化底色。在各个行业、各个领域、各个环节，创新无处不在，创新无时不有。日新月异、发展快速是这个时代的根本特征。

就个人而言，创新必须有知识的积淀，特别是专业知识的积淀，要积累到一定的高度和宽度才可能创新；必须有正确的思维方式，有按照原理、规律分析问题、研究问题、解决问题的逻辑和技能。同时，创新也是不受既定观念、习惯思维约束的想象力。不受既定观念约束的想象力是创新的动力。在这方面，少年儿童最不受约束，所以他们的想象力非常丰富。家长要注意发现并保护孩子的这种想象力，要懂得通过科学的思维方式进行正确引导，帮助孩子把幻想变成理性的想象，使之转化为孩子创新的动力。当然，作为创新思维、想象力、新主意、新点子，要真正变成有价值的观念、理论、工艺、产品申报专利，成为产品，还需要科学严谨的论证。

创新既是商业文化的动力，也是个人成长发展的翅膀。个人、家庭、企业要发展，创新精神不能缺失。创新是智慧，创新是灵感，创新是生命的品质，创新使人卓越。

四、有序竞争——超越精神

民间智慧的美德之一是礼让。礼让可以构建和谐，可以净化心灵，但不利于优胜劣汰，不利于人的潜力和创造力的发挥。知足和礼让会使人安于现状而不思进取，变得平庸。在今天商业主导的社会里，和礼让相对应的概念和行为是竞争。竞争既是一个人文概念，也是自然界的法则。基因的自我复制具有排他性，这也是竞争。如一片森林中，为了获得更多的阳光，每一棵树都拼命地往上生长，结果大多数树木都会长得很高；而单独的一棵树，同样的岁月就长不到这样的高度。

竞争无处不在，在体育场上争夺名次，在一个班里的考试排名，在同行业里以商品开拓市场，都是竞争。当今社会，各行各业、国与国之间都存在竞争。生于忧患，死于安乐，竞争让个人、企业、社会、国家始终处于战斗状态，竞争可以唤醒个人、民族的危机意识，让有志之士勤劳勤思，不安于现状，也不敢安于现状。从社会发展的层面看，竞争是发展的重要力量，人们因为竞争而你追我赶，因为竞争而优胜劣汰；从个人层面看，竞争会激发人们的创造力，竞争会让优秀人才脱颖而出，竞争会让所有的人都在奔跑，使得社会发展的节奏越来越快。

竞争作为一种商业游戏，需要有游戏规则。这种规则就是法律法规，个人、企业、单位都是在一定的制度、体制、法律、法规、规章内有序竞争。

从文化的层面看，竞争是一种超越精神。有人为了超越对手，超越同行，为了在同学中、同行中、同事中处于领先水平，各个方面都比他人更胜一筹，站得更高，跑得更远，做得更好，比他人付出了更多的汗水和智慧。每个人、每个行业都以同样的心态在奋斗，在这个过程中没有最好、只有更好，当然也有较差、倒数，但在竞争的过程中，大家都会得到提高，从而推高整个社会的高度，促进社会的发展和进步。和礼让相比，竞争是不甘示弱，是要证明自己比对手强。

要超越对手，首先要超越自我，不断地否定自我、更新自我，把骨子里的潜力通过思考、劳动、创造最大限度地释放出来，让整个人在竞争的引领下不断地超越自我。

凡事都有两面性。礼让是在哪里跌倒了就在哪里睡一觉，活得恬淡；竞争是在哪里跌倒了在哪里站起来，活得充实。竞争使人超越自我、超越对手，会让人活得很精神，也会让人活得很累，如果能够把竞争和礼让有机统一，在创造财富、在求知方面有序竞争，而在心灵修为和心灵碰撞方面互相礼让，那么个人的身心会更加和谐，人与人之间的关系会更加和睦，社会会更加和美。

竞争是强者的优势，竞争是为了追求利润、财富；礼让是大家共同的修为，礼让是使财富的分配更加公平。通过慈善关爱竞争中的弱者，始于利润，终于慈善；始于竞争，终于礼让。不断地超越对手、超越自我，这就是完美的商业智慧、商业文化。

第六节　红色智慧

"传承红色基因，争做时代新人。"在家教智慧中，红色智慧应该是最耀眼的一束光。把红色文化作为家庭文化建设的核心部分，学深、学透并用于教育孩子，在孩子心中种下红色文化的种子，以后这颗种子一定会长成参天大树，那么孩子即使只是一个普通人，也会有丰富的内心世界和强大的精神力量。

我深信，随着时间的推移，红色文化一定会成为中华文化的一个主要板块，并且是引领其他文化的板块；其他文化板块也会在红色文化引领下，发展得更好，特别是商业文化。今天，商业文化在红色智慧的引领下，解决了商业竞争导致的垄断和两极分化的问题。在红色文化的引领下，中国的商业文化发展得比较好。

中国共产党及其领导的军队和人民在革命战争年代和社会主义建设过程中，也就是从中国共产党建立到现在所创造的精神财富，我称之为红色文化。这种文化蕴藏着治国理政的大智慧、修身养性的大哲理，所以也可以称为红色智慧。

中华民族的伟大复兴，中华民族从站起来、富起来到强起来这个过程，中国共产党是中国人民的主心骨，红色智慧则是武装共产党人、引领全国人民前进、奋斗的思想武器。

1840年鸦片战争以后，中国逐步沦为半殖民地半封建社会，"国家蒙辱，人民蒙难，文明蒙尘"。17世纪中叶以后（也就是1650年以后），西方一些国家先后爆发了资产阶级革命，并相继完成了工业革命，在新的生产方式推动下迅速强大起来。资本主义国家经过血与火的原始积累和殖民掠取，在不到一百年的统治中所创造的生产力比过去一切时代创造的全部生产力都要多、都要大。如机器的发明和采用、化学在工业和农业中的应用、轮船的行驶、铁路的通行等的壮大发展，使得人类社会的物质文明和精神文明发生了历史性的变化。资本主义国家为了获得更大的利益，在全球范围内进行侵略扩张和殖民掠夺。所以，幅员辽阔、资源丰富、人口众多、市场潜力巨大的中国，成了西方列强垂涎和争夺的对象。然而，清朝统治者对世界格局、世界大势茫然无知，仍自诩为"天朝上国"，安于现状，把西方先进的科技成果称为"奇技淫巧"，不屑一顾。清王朝自身的经济、政治、军事、文化全面滞后，却又虚骄傲慢、冥顽不化，结果导致危机四伏、落后挨打。

1840年，急于向海外扩张的欧洲资本主义强国——英国发动了侵略中国的鸦片战争，用炮舰轰开了中国的大门。腐朽落后的清军虽然有数量上的优势，而且在本土作战，却也抵挡不住英军坚船利炮的猛烈进攻，使得广州、厦门、定海、镇海、宁波、上海、镇江相继失陷。1842年8月，英军直逼南京城下，迫使清政府屈服，订立了中国近代历史上第一个丧权辱国的不平等条约——《南京条约》。中国割让香港，开放了广州、厦门、福州、宁波、上海的通商口岸，赔款"洋银"2100万元。之后，1840—1842年的第一次鸦片战争，1883—1885年的中法战争，1894—1895年的中日甲午海战，1900年的英、美、法、德、俄、日、意、奥八国联军侵略中国的战争，都是以清政府失败、割地赔款告终。

鸦片战争以后，中国逐渐沦为半殖民地半封建社会。在政治上，中国不再是一个完全独立的主权国家，领土与主权的完整遭到严重破坏，司法和行政的统一不复存在。在经济上，中国虽然有了资本主义的工商业，但传统的农业经济仍是中国经济的主要形式。在思想文化方面，中国传统文化受到西方资本主义的空前挑战和冲击。

就是在这么一个大背景下，一些有识之士在思考、探索救国救民的道路，并付诸实践。太平天国运动，洋务运动，义和团运动，康有为、梁启超领导的戊戌变法，孙中山领导的辛亥革命……各种救国方案轮番出台，但都以失败而告终，都没有达到拯救国家和民族的目的。

十月革命一声炮响，给中国送来了马克思列宁主义。在中国人民和中华民族的伟大觉醒中，在马克思列宁主义同中国工人运动的紧密结合中，中国共产党应运而生。中国共产党深刻改变了近代以后中华民族发展的方向和进程，深刻改变了中国人民的前途和命运，深刻改变了世界发展趋势和格局。

在鸦片战争中，中国败给了西方列强，表面上看是败在工业和武器的落后上，深层次看是败在文化上，是西方的商业文化打败了中国传统的儒家文化和农耕文化，是中国传统文化中只重科举考试不重科学技术、只重文不重武导致的恶果，更是闭关锁国的恶果。

资本主义文化，本质上是商业文化。资本主义的商业文化具有先天的进攻性。资本的膨胀，对利润的无止境追逐，促使西方列强用枪炮打开中国的大门，逼迫清政府开放市场。儒家农耕文化的礼让精神在西方商业文化的进攻下，溃不成军。并且，中国的文人士大夫忙于读"四书五经"，作八股文章，考科举，"心外无物，心外无理"，而对于发展生产力的科技和商业都不研究，使中国形成了有技术无科学，有发明无理论，停留在一技一艺、小打小闹的手工业、作坊时代。所以，从深层次看战争，清政府失败的根源在文化，战争的失败也是文化的失败。

今天中国社会的成功，其实也是文化的成功，是红色文化的成功。所以研究总结、提升红色文化、红色智慧，对于民族复兴、个人发展十分重要。

红色文化的基本特点有以下几个方面：

一、指导思想是科学真理

中国共产党人信仰马列主义，把马列主义作为自己的指导思想。1848年，《共产党宣言》的发表标志着马克思主义的诞生。马克思主义包括辩证唯物主义、历史唯物主义、科学社会主义三个板块，是一个科学体系。

辩证唯物主义的基本思想：世界是物质的，物质是第一性的，意识是第二性的，物质决定意识，意识反作用于物质。物质与物质之间是联系的，物质是运动的，运动是有规律的，发挥人的主观能动性可以认识规律，认识规律以后可以顺应规律，只要顺应规律，规律就会成为为人类服务的规律。物质运动的规律有对立统一规律、质量互变规律、否定之否定规律。

历史唯物主义的基本观点：历史是人民创造的，只有人民才是创造历史的真正英雄，人类社会的发展规律是原始社会、奴隶社会、封建社会、资本主义社会、社会主义社会，最终发展到共产主义社会。人类社会的运行原理是生产力决定生产关系，生产关系反作用于生产力，经济基础决定上层建筑，上层建筑反作用于经济基础。

马克思通过分析价值规律,进一步发现了资本家剥削工人的秘密。剩余价值作为资本家的利润,本质上是工人的劳动成果。剩余价值还分为绝对剩余价值和相对剩余价值。靠延长劳动时间而获得的是绝对剩余价值,因科技进步、工艺提升获得的剩余价值是相对剩余价值。资本主义的本质是剥削工人阶级的剩余价值,最终必然形成两极分化,激化阶级矛盾。资本主义发展到垄断阶段,必然会导致矛盾尖锐到不可调和。所以,工人阶级必然会组织起来推翻资本主义制度,建立美好的社会主义制度,成为社会的主人。社会主义的本质是公有制,按劳分配,人人平等。

列宁将马克思主义和俄国革命实践相结合,建立了世界上的第一个社会主义国家,提出了社会主义可以在一个国家首先实现的理论。列宁领导的俄国革命的成功,给中国共产党人以引领、示范、启示。建党之初,中国共产党是共产国际的一个支部,中国共产党的早期活动,接受共产国际的领导。

马克思主义揭示了自然运行规律、人类社会发展的规律,这是颠扑不破的真理,是科学的哲学,是政治经济学。中国共产党以马列主义作为自己的指导思想,是用科学的思想武装自己,以实事求是的思想路线,认识世界、改造世界,建设美好的国家。

二、初心和理想高尚、远大

中国共产党建党的初心使命就是为中国人民谋幸福,为中华民族谋复兴。中国共产党第一次全国代表大会提出"推翻资产阶级的国家政权,实现无产阶级专政,消灭生产资料私有制,最终实现社会主义和共产主义"的纲领,之后在斗争实践中,逐步完善和明确革命纲领。1922年5月,中国劳动组织书记部在广州组织召开第一次全国劳动大会，会议提出"打倒帝国主义"和"打倒军阀"的口号，提出我们面前的敌人是很多的，国际帝国主义和本国军阀也是我们的敌人。1922年6月15日，中共中央公开发表了著名的《中国共产党对于时局的主张》（以下简称《主张》）。《主张》提出了挽救中国时局的"唯一道路只有打倒军阀，建设民主政治"，由此提出了11条奋斗目标，核心内容是"取消列强在华各种治外法权""肃清军阀，没收军阀官僚的财产，将他们的田地分给贫苦农民"等。1922年7月，中国共产党第二次全国代表大会在上海召开，明确提出了反对帝国主义和反对封建主义的民主革命纲领，以及建立民主联合战线的主张。

由此可见，中国共产党在建党初期就明确了要推翻压在中国人民头上的"三座大山"——帝国主义、封建主义、官僚资本主义，从而实现民族独立、国家富强、人民安居乐业，最终实现美好的共产主义社会。这样的初心使命高尚远大。最早的那批共产党人大多有理想、有信仰，他们是有着体面职业的知识分子。可以说，他们个人的生活根本不成问题，他们没有小我，心中只有国家和人民，是一批胸怀祖国的仁人志士。他们是以志统行、以行达志的典范。这种高尚远大的志向也就是中国共产党人带领中国人民取得今天如此辉煌成就的道理所在。这是中国共产党人特有的高尚情操，也就是习近平总书记在庆祝建党100周年大会上的重要讲话概括的伟大的建党精神："坚持真理、坚守理想，践行初心、担当使命，不怕牺牲、英勇斗争，对党忠诚、不负人民。"

三、面对强敌的斗争精神

中国共产党自成立的那天起，就面对强大的敌人。从宏观上看，它面对的是帝国主义、封建主义、官僚资本主义。具体讲，在北伐战争中，强敌是军阀；在土地革命战争中，强敌是国民党反动派、资本家、土豪劣绅；在抗日战争中，强敌是日本帝国主义；在解放战争中，强敌是国民党反动派；在抗美援朝战争中，强敌是美帝国主义。面对强敌，中国共产党人敢于亮剑，敢于斗争，善于斗争，"以武装的革命反对武装的反革命，推翻了帝国主义、封建主义、官僚资本主义三座大山，建立了人民当家做主的中华人民共和国，实现了民族独立，人民解放。"

只要认真学习《共产党宣言》，我们就会发现《共产党宣言》通篇充满了斗争精神，而用马克思列宁主义武装自己的中国共产党人就具有这样强烈的斗争精神。中国共产党从成立到现在100年的光辉岁月是一个伟大斗争的过程。在社会主义建设过程中，一方面我们与外部的敌人斗争，另一方面我们和自然斗争，和贫穷斗争，和落后的社会生产力斗争；坚持问题导向，有什么问题就解决什么问题，有什么困难就解决什么困难，办法总比困难多；最终实现了全面建成小康社会的目标，彻底消灭了绝对贫困。实践证明，只要有斗争精神，没有打不败的敌人，没有克服不了的困难。

中国共产党人的斗争精神，还体现在党内斗争上。中国共产党从成立的那天起，就面对比较复杂的党内斗争——和"左倾""右倾"的斗争，和腐败堕落斗争。通过党内斗争，中国共产党不断地消除党内毒瘤、扫除尘埃，不断地净化党的肌体、拨乱反正，保证了航向的正确。党的十八大以来，中国共产党与腐败分子进行了残酷的斗争，反腐败形成了压倒性的态势，取得了辉煌的成果，形成了纪律严明、风清气正、斗志昂扬的党风，使得人民群众的满意度越来越高，党的形象越来越好、执政能力越来越强，共产党人的先进性、纯洁性得到进一步彰显。党内斗争是一种自我净化、自我更新的能力，是中国共产党人永葆先进性、永葆青春的法宝。斗争精神是中国共产党人战胜一切强敌、克服一切困难的武器。

四、执政为民的根本宗旨

"江山就是人民,人民就是江山,打江山守江山,守的是人民的心。"中国共产党自成立的那一天起,就始终把人民的事放在心上,把群众的事放在首位。战争时期,中国共产党人开展工人运动,组织工人罢工,争取劳动权,争取八小时工作制,争取工资,这一切都是为了维护工人的合法权益,让工人过上幸福的生活;组织农民开展土地革命,打土豪、分田地,让耕者有其田,解决老百姓的生存权问题,让老百姓能够安居乐业;近年来实施的精准扶贫,解决了7000多万人口的绝对贫困等问题,这些都是执政为民的具体体现,扶贫扶的也是老百姓的心。

广大老百姓最熟悉的一句毛主席语录就是"为人民服务"。我们党的群众路线是"一切为了群众,一切依靠群众,从群众中来到群众中去,把党的政治主张变成群众的自觉行为"。我们今天所讲的"人民对美好生活的向往就是我们奋斗的目标""群众利益无小事"等,都说明"中国共产党的根基在人民,血脉在人民,力量在人民"。中国共产党甚至把新时代的社会主要矛盾都界定为:"人民日益增长的美好生活需要和不平衡不充分的发展之间的矛盾。"

水能载舟,亦能覆舟。革命战争年代,中国共产党和老百姓血脉相连,鱼水情深,中国共产党人爱护老百姓,老百姓拥护中国共产党。解放区的发展、三大战役的胜利都是老百姓支持的结果,是老百姓的支持让中国共产党打下了江山。今天的社会主义建设,党风正、民风纯,党一有号召,人民就拥护、就行动。抗疫的胜利充分体现了党的执政能力,也充分体现了人民群众对党的拥护。执政为民是我们党的根本宗旨，也是革命能够成功、党能够长期执政的根基。

五、理论体系的实践性

毛泽东思想、邓小平理论、"三个代表"重要思想、科学发展观，以及习近平新时代中国特色社会主义思想，是一脉相承的理论体系，是中国化了的马克思主义。它们的最大特点是具有实践性，是马克思主义同中国革命实践相结合的产物。这些理论是中国革命的建设实践经验的总结，它反过来又指导了实践。

中国共产党的领导人，既具有丰富的实践经验，又有高深的理论修养，他们是理论家和革命家，他们的理论是经过实践证明了的科学理论，是打江山、治国理政的法宝。例如，井冈山军事斗争思想——游击作战十六字诀"敌进我退，敌驻我扰，敌疲我打，敌退我追"就是面对几倍甚至几十倍的强敌，毛主席和朱总司令在战争实践中总结出来的弱者面对强者的办法。改革开放初期，邓小平关于"计划经济不等于社会主义，资本主义也有计划；市场经济不等于资本主义，社会主义也有市场，计划和市场都是手段"的论述，为我国改革开放以后，大力发展社会主义市场经济指明了方向，这也是在实践中总结出来的理论。习近平总书记关于"绿水青山就是金山银山"的科学论断，为绿色发展、建设美丽中国指明了方向，这也是长期治国理政实践经验的总结提升。理论只有来源于实践并在实践中检验才能证明其真理性，也才能指导今后的实践。

红色智慧的内容非常丰富，除了以上五个方面，还有很多。例如，保证完成任务的团队精神、铁的纪律等。因为有了保证完成任务的团队精神，中国共产党的各级组织，具备了战胜一切困难、打败一切强敌的信心和勇气。铁的纪律方面，党纪严于国法，每个共产党人除了遵守国家的法律法规外，还要严格遵守党的纪律。把规矩挺在前面，这就保证了步调一致，政令畅通，"加强纪律性，革命无不胜"。有了铁的纪律，就有了强大的凝聚力、向心力，有了紧密的组织团队，最终形成了完成任务的战斗力。

　　红色智慧，是治党、治军、治国的智慧。这些智慧都是通过一个个鲜活的个体掌握之后转化为集体的智慧、政党智慧。把红色文化中的红色智慧转化为家教智慧，让孩子有远大的理想、正确的"三观"，勇于投身实践，有克服困难的勇气、为他人着想的善良、为民服务的情怀，有规矩意识，任何时候都遵守纪律，有团队精神，那么孩子不但能成才，而且能成为建设祖国的栋梁之才。

第五章　环境氛围　成长土壤

　　一般说来，孩子主要在三个环境中成长，即家庭、学校和社会。学校和社会在一定范围内可以选择，而家庭不可以选择。好比一棵植株需要土壤和阳光，一个人成长的两大核心要素也是土壤和阳光。在家教智慧里，如果把家庭文化，即第五章讲的六个方面的智慧比喻成阳光，那么家庭氛围就是土壤。

　　氛围是环境的气氛和情调。家庭氛围是孩子成长最核心的条件，优良的家庭氛围能培养出人格健全的孩子。家庭氛围的营造是家长教育孩子的基础工作。温馨的家庭氛围能让家长和孩子感受到家的温暖，是孩子成长的肥沃土壤。

　　家庭氛围的营造是多方面的，其涉及生活、工作、学习、环境等方方面面，但是从培养孩子的角度看，主要需要营造和睦氛围、书香氛围、生活氛围。

第一节　和睦氛围

　　世界讲和平，社会讲和谐，家庭讲和睦。和睦的家庭氛围是孩子成长最基础、最核心的人文环境。孩子要有健全的人格、丰富的情感，必须有一个和睦的家庭。家庭和睦，特别是夫妻和睦，在管教孩子方面同向发力，孩子才会有安全感。相反，夫妻关系紧张，孩子就不会有安全感，夫妻之间的矛盾也会转嫁到孩子身上，孩子就会随时有失去父爱母爱的担忧，每天在焦虑和不安中生活，难以健康成长，特别是心灵和情感方面容易扭曲。家庭和睦，孩子吸纳接收到的是正面情绪、正面情感，心灵就会很阳光，每天都会在快乐、愉悦的情绪中成长，身心也就健康。相反，夫妻不和睦，要么冷战，要么经常吵架，甚至在吵架时还要让孩子选边站，孩子就会感到难过、悲伤、不知所措，并把大量的时间、精力用于思考和父母的关系，每天怀着紧张、焦虑、不安的情绪走出家门、走进学校，久而久之性格会变得胆小、自卑、孤僻、敏感、烦躁、冷漠。因此，家庭的和睦氛围，既是家庭幸福的要素，也是家教的一项重大措施。夫妻和睦是化育孩子心灵最好的方式，是教育好孩子的一个最重要的环节。

　　好的家庭氛围能够让孩子健康、快乐地成长，有充足的情感和学习动力；好的家庭氛围可以把孩子从学校、社会上带回来的负面情绪以及学习和生活问题融化掉，修复孩子受伤的情感，使其恢复积极的情绪，重燃奋斗的力量。相反，负面的、紧张的家庭氛围会让孩子情绪紧张、无所适从、心理失衡、痛苦难熬,消磨意志,失去学习、奋斗、生活的动力,甚至把家里的负面情绪带入学校和社会,并给身边的同学、朋友、同事输送负面情绪,伤己及人。

影响家庭氛围的因素特别多,其中主要的因素有以下几个方面。一是夫妇双方原生家庭的家教家风。一个人的家庭观念、生活理念、教育思想、生活态度、处世方法都受家教家风的影响,并且一定会把这种影响带入新组建的家庭。新的家庭里会有上一辈乃至上几辈的文化传承,以及家庭氛围的沿袭。二是夫妇双方的教育背景。除家庭氛围的惯性沿袭外,教育背景也是一个重要因素。人的知识、观念、生活态度大多来源于其所接受的教育,这种教育可以让下一代人在思想观念、生活方式上和上一代人产生较大的差异,甚至出现否定上一代人的大跨度变异,因为观念和修为不是遗传,而是少部分的传承,同时还有大部分的后天学习、思考和感悟。因此,优秀的家长既要继承上一辈好的家教、家风,将两个家庭的优点吸收、消化、传承下来,融合好、嫁接出一个更优秀的家庭氛围,也要通过自身的努力,勤学善思,在生活中学会生活,营造出有自身特质和个性的家庭氛围,以此来化育孩子和家人的身心。三是时代性。每一个家庭都处在一定的时代环境中,而社会环境对家庭氛围的影响是非常大的。每一个人、每一个家长、每一对夫妇的学习、思考、行为方式必然受到时代的影响,正如有一句名言所说,一个人的思想不能超越他所处的时代,就像肌肉不能超越皮肤一样。因为观念的树立除了来源于家教、书本之外,主要就是来源于社会,来源于社会环境、社会风气。社会风气如自然之风无所不在,所以社会风气的影响也是营造家庭氛围的一个重要因素。例如,当今的中国社会社交频繁,很多家庭不做饭,要么请人到外面吃饭，要么被人请吃饭。大人不在家，小孩点外卖，不做饭的家庭虽有快餐文化的方便快捷，但缺少家的温馨以及生火做饭的情趣。这样的生活氛围，我认为是十分不利于孩子成长的。孩子的成长包括身体、知识、情感、生活体验等，因此，在这样的家庭氛围中，至少孩子在情感成长方面是有缺失的。因此，父母对社会风气要有辨别能力，好的风气要消化、吸收，不好的要拒阻在家门之外，随大流的心态和做法培养不出有特质、人格健全的孩子。

在我国的传统文化中，家庭是大家庭概念，几代人，十几口人、几十口人，甚至上百口人生活在一起，家庭管理纷繁复杂，是门大学问。这样的家庭，既要有家规的约束，又要有家长的权威，还要有家庭成员的自觉，才会有和睦的家庭氛围。其中，和睦的角色修为是"十义"中的前八义，即父慈、子孝、兄友、弟恭、夫义、妇听、长惠、幼顺。由此可以看出，和睦家庭氛围的营造是家庭中的每一个成员都要根据自己的角色，守好自己的本分，履行好自己的责任。

其实古人的家庭管理比今天的家庭管理难得多。第一，是家庭成员多。家庭成员多，关系自然就复杂，要协调的双边、多边关系就多。第二，生活来源是个大问题。几十口人要吃饭，必须要有稳定的收入，所以作为主要管理者的家长，要有经济头脑，要让每一个成年人都有合适的工作，男主外女主内，男人要下地干活、出去打工赚钱，女人要管生活、做家务。第三，要有人管生活、管后勤。这么多人生活和吃饭，不仅要让所有人都吃饱穿暖，还要让每个人的付出和回报相对公平，所以要轮班值日。第四，孩子要成才。必须对孩子进行严格的管理教育，要么让孩子读书，要么送去当学徒。所以，古人虽有家庭管理经验，但实践起来也有很多问题。曾国藩则总结了治家的"八宝"和"十六字"家训。

曾国藩的治家"八宝"就是书、蔬、鱼、猪、早、扫、考、宝。"书"，指读书，知书达理，德才兼备；"蔬"，指种菜，自种蔬菜、生态鲜美；"鱼"，指养鱼，池塘养鱼，食趣兼有；"猪"，指养猪，自产自销，改善生活；"早"，指早起，早睡早起，精神饱满；"扫"，指扫地，洒扫庭屋，内外整洁；"考"，指祭祖，孝道传承，不忘祖德；"宝"，指睦邻，邻里和睦，互帮互助。曾国藩的十六字家训就是"家俭则兴，人勤则健；能勤能俭，永不贫贱"。由于家庭管理、氛围营造具有时代性，古人的有些做法对如今的大多数家庭不再适用，例如今天有很多人是不具备养鱼、养猪的条件的。当然，有些理念、有些治家经验，对我们今天仍然具有借鉴作用、教育意义，例如曾国藩的十六字家训。

今天的家庭管理和古时相比要简单得多，首先是家庭小型化，家庭成员减少了。如今，大多数家庭都是以夫妇二人为中心，老人加孩子，少则三四人，多则五六人，故而家庭的和睦之道，主要是夫妻的相处之道。只要夫妻和睦、相亲相爱，和孩子的关系、和双方父母的关系，以及其他三亲六戚的关系就会融洽。其次是社会进步了，只要勤劳都能有一份工作，只要有一份工作，生活来源就能解决。再次是社会提供的公共产品越来越多。今天的生活方便快捷，我们再也不用像古人那样什么都要自己动手。

由于夫妻和睦是家庭和睦的核心和前提，因此本部分要重点讲讲夫妻和睦之道。

第一，作为家庭中的核心人物，夫妻双方都要有责任心，都要守好为家庭尽职尽责的本分。很难想象，没有责任心的夫妻能和睦相处。作为丈夫、作为父亲，要有担当精神，要履行为夫之责、为父之责，要努力成为家庭经济收入的主要贡献者，要成为家中大事难事的主要承担者，要成为家中困难和问题的解决者。丈夫、父亲就是一棵大树，要能让妻子、孩子遮风避雨。作为妻子、作为母亲，要与丈夫共同经营好家庭，化漫漫岁月为醉人温馨。一个优秀的妻子，要学会把平淡无奇的日子，过得有滋有味，要善解人意，能走进丈夫和孩子的心灵，用爱温暖家人的心。

第二，夫妻要互相包容。人都会有缺点和不足，夫妻双方也是如此。何况每个人在社会上都会尽可能把好的一面呈现出来，有意无意地把缺点和不足隐藏起来。大多数人在社会上不愿轻易得罪人，故而有些关系很紧张的夫妻，选择在家里发泄情绪，在社会上则一团和气，在社会上公众形象很好，而在家里丈夫不是好丈夫，妻子不是好妻子。究其原因，作为家人，夫妻之间是不设防的，特别是在说话、交流中往往没有分寸感，往往会把自己最真实的一面留给对方，这就需要夫妻双方互相包容，同时注重交流、沟通的方法和技巧，要和睦相处，要欣赏对方的优点，包容对方的缺点。当然，也不能因为对方的包容而放纵自己，更不能同样的错误反复犯，相反要把包容当作改进自己的动力，不断地完善和提升自我。

第三，要学会化解矛盾。有人的地方就有矛盾，况且两个人组成一个家庭之前，各自的家庭背景不一样，两个人的思维方式也不一样，所以两个脑袋想问题想不到一起很正常，有矛盾也是必然的。另外，两个人的做事风格不一样也会有矛盾，夫妻双方家庭成员的言行也会导致夫妻矛盾，我称之为非夫妻关系对夫妻关系的影响。夫妻双方对孩子的教育理念、方法不同，也会有矛盾。总之，在生活中、家庭中，矛盾无处不在，无时不有。有矛盾不要紧，怕就怕不仅没有化解矛盾的能力，还会激化矛盾。所以，夫妻之间一定要学会分析矛盾、化解矛盾，一事一议，就事说事。

一是夫妻双方处理问题都要从家庭发展、家庭和睦的大局出发，要有利于家庭的和睦兴旺。二是夫妻双方要学会换位思考，多站在对方的角度来看问题。三是重大事项要事前商量、沟通交流，意见一致后再决策、再行动。四是对双方的家人、亲戚要平等对待。好妻子对娘家的事和婆家的事一视同仁；好丈夫孝敬岳父岳母和孝敬自己父母一样，能做到是女婿，更是儿子。五是学会反思自省。俗话说："只有不冒烟的家庭才不会吵架。"意思就是夫妻之间，油盐柴米、生活琐碎，难免磕磕碰碰，有时控制不住情绪，吵一架也很正常，问题是吵完之后不要把所有的过错归在对方头上，吵架之后双方都要反思、自省，并且要当着对方的面承认自己不对的地方。如此，矛盾自然化解于无形，情感也会得到升华。反之，一味指责对方，只会激化矛盾，甚至导致家庭破裂。一味指责是夫妻和睦的最大障碍，自我反省、知错能改、闻过则改则是夫妇和睦之道。

第二节　书香氛围

"农家孩子识五谷，画家孩子识丹青""近水知鱼性，近山识鸟音"。人是环境的动物，什么样的环境造就什么样的人。环境给予人信息和刺激，让人的大脑吸收信息、加工信息，然后对环境做出回应。如果没有环境给予的信息，再聪明的头脑也是形同虚设，所以环境对人的影响很重要。信息好，信息量大，人就会变得有见识。

比如，一个中国小孩，一出生就寄养在美国人的家庭里，并且这家人只会讲英语，其上学以后在学校接受的也是英语教学，那么这个中国小孩必然只会讲英语，一定不会讲汉语；同理，把一个美国小孩寄养在一个中国家庭里，那么这个小孩也只会讲一口汉语。农家孩子从小在地里和大人劳作，自然对五谷非常熟悉；画家孩子从小跟父母舞文弄墨，自然知晓"堵擦涂抹"。父母喜欢读书，小孩一出生就生活在书的世界里，成长在读书的环境里，读书学习自然而然就会成为他的一种习惯、一种生活方式，孩子在有意无意之间就会继承到上一辈勤学的精神，这就是氛围熏习的作用。

"书香门第"是一个成语，据考证，其出自清代文康的《儿女英雄传》第四十回："如今眼看书香门第是接下去了，衣饭生涯是靠得住了。"一般情况下，大多数人都认为书香就是墨香，其实不是。古时大多数墨都不香，古人为了防蠹虫，会在书中或者书旁放云香草，因此书籍被打开之后会散发出一股清香味。"书香门第"古时指读书家庭，上辈、上几辈都有读书人并在科举考试中获取过功名，在当地社会地位高、影响力大；现在泛指有学问、有修养，上辈对下辈有文化传承的家庭。由此可见，书香门第需要几代人、十几代人的积淀。大多数家庭可能很难做到，但是可以立志从现在起开始打造。书香氛围只要上辈人即做父母的有一定的文化基础都可以打造。在中国的今天，年青一代父母，几乎都受过九年义务教育，只要努力、用心，都可以做到。

一个家庭营造书香氛围，重点要做好以下几个方面：

一、家里要有基本的藏书

家庭藏书可以根据家人的喜好、工作、专业、研究方向选择书籍，但有些书是所有家庭都必须有的。一是以儒、道、释为主线的传统文化书籍，特别是儒家代表作"四书"——《论语》《孟子》《大学》《中庸》,"五经"——《诗经》《尚书》《礼记》《周易》《春秋》;道家代表作《道德经》《庄子》;佛家代表作《金刚经》《心经》《楞严经》《无量寿经》《坛经》《法华经》等。二是以四大名著为代表的文学书籍。除四大名著外,还要选择一部分现今出版的少儿读物,特别是寓言故事。三是以二十五史为代表的历史书籍,至少要有《上下五千年》这样的简史读本。四是名人传记。这里要重点说说名人传记。名人传记是对名人的生平、事功、思想的记录和总结。名人之所以成为名人,是因为他有超越普通人的阅历、才能、智慧和闪光的人生片段。阅读名人传记可以激励孩子学习名人的精神,将名人作为学习的榜样和标杆。我们需要借鉴名人成功的经验和做法,用名人的优秀品质来武装家人的头脑,丰富自己的精神家园,同时将其作为教育、启迪孩子的教材。五是科普常识。文化丰富人们的思想,科技促进生产力的发展,社会进步和文明靠的就是科技和文化两只翅膀,所以家庭藏书中一定要有科普方面的书籍,例如《时间简史》《万物简史》《动物世界》等。

除藏书之外,在书房或者孩子的卧室里挂三张地图——世界地图、中国地图、本地本县的地图,并告诉孩子要胸怀祖国,面向世界,把自己的事、身边的事做好。

二、家长要带头读书

父母是孩子的第一位教师,是孩子永远的榜样。一个家庭有藏书不是为了收藏,而是为了学习和阅读。藏而不读,藏书就失去了意义。

家长要带头读书,正所谓"己所不欲,勿施于人",包括自己的孩子。师为学表,父为子表,父母要求孩子读书,自己先要作出表率,起到示范和引领作用。自己不学,只要求孩子学,说教是苍白的,小孩会感到不服和反感。父母要走进孩子的心里,以心换心,以情感情,而不是凭借父母的权利、大人的强势压孩子。

父母要根据不同的阶段读三类书。一是提升人文素养、人文底盘的儒、道、释书籍，以及历史、文学类书籍；二是自己工作职责范围内的专业书籍；三是孩子不同阶段的课本及其涉猎范围内的书籍，特别是课外书籍，父母要阅读、要把关、要引导，要和孩子交流学习心得。

在家里，要打造读书的环境，要有专用的书房，有适合的桌凳，有充足的笔墨纸张，有供查阅的工具书，如字典、词典等。

父母要注重读书学习的效果。读书不是走形式，也不是专门做给孩子看，读书是为了提升自己的素养，拓展视野，丰富思想，然后用自己的思想来引领孩子的思想，用自己的行动带领孩子行动；读孩子读的书，是为了知道孩子的所思所想，知道孩子的长处和不足，是为了正确地引导孩子；陪伴孩子读书是最好的化育方式，是用行动教育孩子，使孩子认识到榜样的力量。

三、读书要有效果，要做到投入和产出成正比

第一，有读书计划。要围绕孩子的年度学习任务和自己的工作制订学习计划。最好年初就确定读哪类书、哪几本书，把任务分解到月、到周，确定每天的阅读量，同时也要帮助孩子制订学习计划，让孩子参与大人的学习计划的制订，父母和孩子在学习的过程中相互监督和鼓励。第二，做读书笔记。要写学习心得，甚至把学习成果做成课件，定期举办家庭讲座，交流学习心得，分享学习成果，做到学用结合，互相鼓励，特别要鼓励孩子交流学习心得、学习成果。

书香氛围的营造是多方面的，除了藏书、读书之外，家里还要有名人名言的书法作品、励志楹联等以物为载体的文化符号，让孩子视野所及都能看到文化信息，并在经意或不经意间接受文化的熏陶。

第三节　生活氛围

　　人生是集生活、学习、工作三位于一体的。工作是有阶段性的，而生活和学习是终身的。对于普通人来讲，学习和工作的目的是把生活过好，把日子过好。学习和工作是大多数人过好日子的前提和基础。换言之，学习和工作都不是目的，是手段，是过上好日子的手段。我们不论有多大的成就、挣多少钱、当多大的官，最终都是回归生活。然而，现实生活中把手段当目的的人不少，甚至有一部分人有命挣钱无命花钱。从家教的角度讲，有一大部分家长把所有的精力都用于工作和挣钱，没有时间和精力照顾孩子的生活，只能花钱雇保姆，其实这是不合格的父母。保姆换尿布板着脸，换完则完，是机械式的工作；母亲换尿布，笑呵呵地面对孩子，换完尿布拍拍小屁股说"宝宝乖"。父母对孩子的陪伴化育，永远是金钱、保姆代替不了的。

　　一个家庭要有生活氛围。生活氛围浓厚的家庭，才可以让孩子幸福，才可以培养出人格健全的孩子。浓厚的生活氛围有三大好处：一是让孩子充分享受生活的乐趣。有生活氛围的家庭才能让家人，特别是孩子享受生活的乐趣。当今时代，我国社会的主要矛盾是"人民日益增长的美好生活需要和不平衡不充分的发展之间的矛盾"。从家庭的角度讲，就是要有丰富的、平衡的家庭氛围，有家的温馨，有生活的乐趣，让孩子每天都在和睦的家庭里快乐地生活，这对孩子的身心健康、情感培养都是最好的。二是接受生活的熏陶。生活氛围浓厚的家庭熏陶出来的孩子，懂生活、会生活，有生活味、有人情味，活得有滋有味，不论何时何地都可以找到生活的乐趣，有做人做事的底气和根基，有追求美好生活的动力，会自我设定生活的目标。三是培养生活能力。生活能力其实是家庭素质教育、家庭管理最基础、最核心的部分。准确地讲，现代社会，学业教育以学校为主、家庭为辅，而生活能力的教育则完全是家庭的事、家长的事。综观当今社会，生活能力不与学习能力、考试能力成正比的很多。大多数家长只重视考试成绩，不重视孩子生活能力的培养，导致孩子发展不全面，自我管理、自我服务的能力非常低，因为学业之外的所有生活需求都被父母包办了，或者是被商业行为取代了。例如，一日三餐，要么父母做，要么叫外卖。有的孩子都上大学了，还衣服都不会洗。这看似是小事，其实是大事，没有生活能力的人在未来的人生道路上会困难重重，至少可以说没有生活能力的人的人生是单调乏味的。所以父母要培养孩子的动手能力，让孩子适时承担一些家务劳动。这样，孩子无论走到哪里，都能见境生勤，把生活打理得井井有条，在未来的生活中也就能够很好地自我管理、自我服务。同时，父母还要让孩子学会照顾家人、同学、同事。这样，孩子就能够成为对社会、对家庭有用的人，成为受欢迎的人，当然就能有更好的发展。据说，俞敏洪在创建"新东方"的时候急需合作伙伴，他跑到美国去邀约大学时代同宿舍的几位同学，大家都说看在大学时代俞敏洪为大家打了四年开水的份上，愿意回国和他一起创业。可以说，正是有生活味、会照顾人成就了俞敏洪。其实，好的家庭生活氛围可以培养孩子的生活能力，而生活能力强能让人生幸福，这同时也是一种综合实力、发展能力。

那么，要怎样营造生活氛围呢？生活的基本要素是吃、穿、住、劳、游、乐，生活氛围自然要围绕这些要素来营造。首先，作为家庭生活主导者的父母要有爱心，舍得把精力和时间花在家庭生活里，平衡好工作和生活的关系。其次，父母要勤劳。家庭生活中的事虽然都是生活琐事，但是也要不厌其烦地做，因此父母必须勤劳，必须要有较强的动手能力，必须有反复做一件小事而不厌烦的耐心和韧劲。最后，要体脑结合。既要吃苦耐劳，又要勤学善思。在生活实践中，有自己的感悟、生活技巧、劳动技能，甚至独门绝技，有吃苦耐劳、刻苦钻研、精益求精、乐在其中的工匠精神。

一、吃

对于吃这个问题，本书不是从做饭的工序、工艺层面讲，而是从理念层面讲。一个家庭要有生活味，就要在家自己做饭吃，正如古人讲的"烟火人家"。现代社会，分工细致，去饭店、叫外卖非常方便，一个家庭将其作为一种体验是可以的，若作为一种生活方式则不可取，因为家无炊烟自然就没有家的味道。

吃有几个层次，一是要吃饱，满足生理需要，提供足够的能量。从这个层面讲，食品要安全，要生态环保、能量平衡，要避免营养不良和消化不良两个极端。二是要吃好，满足口感需要，即吃好、口味好，让吃成为一种享受。从这个层面讲，要重视色香味，要充分考虑家庭成员的年龄和偏好。三是"吃"文化，即满足心理层面的需求。上升到文化层面就要研究一碗饭、一道菜背后的故事及其文化积淀。在我国的传统文化中，节俭始终是"吃"文化的主题，家长要教育孩子从小学会节俭，做到勤以养身，俭以养德。四是"吃"情感。一家人在一起吃饭，其乐融融，吃饭的过程就是情感浸润孩子心灵的过程，是一家人情感互动的过程，同时父母也可以在饭桌上了解孩子的所见所想。现代社会，家长很忙，和孩子一起吃饭是了解孩子最好的时间窗口，也是解决孩子一般问题的时机,是教育、化育孩子的最好机会。

父母要教会孩子自己做饭,在孩子8~10岁时,让孩子参与厨房的事务。这样,一方面可以让孩子了解生活的艰辛,另一方面可以让孩子得到相应的锻炼,培养孩子的生活能力,让孩子享受做饭的乐趣。因此,孩子初中毕业时一定要学会自己做饭吃,会做基本的家常饭菜。根据我长期的观察,有些学习成绩不是很好的孩子,只要把生活技能学好,长大后,这些生活技能就可以成为其谋生的本领。现实社会中,在餐饮行业,很多老字号代代相传就是生活技能的继承、提升和拓展。

二、穿

穿衣服有两大作用,即保暖和美观。从这两个角度考虑,穿衣服要做到以下几个协调。

一是和经济条件协调。我小时候,家里经济条件差,穿衣服是新三年旧三年、缝缝补补又三年。现在经济发展了,很少有人穿补满补丁的衣服。但是,孩子衣服的价位还是要视家庭情况而定。千万要教育好孩子,不要和同学、朋友比吃比穿,比谁的品牌好、谁的价格高,要比就比学习、比节俭。二是和时代发展协调。每个时代都有每个时代的流行款式、审美视角,奇装异服会让人感到另类。三是和性别协调。天地造化,事不孤立,物分阴阳,人分男女。穿衣服男有男装,女有女装,一定要有性别特征。男人要穿出阳刚俊美,女人要穿出阴柔之美,让人一看就分得清是男是女。学龄前的儿童的着装可以不太考虑性别,但是孩子入学后,孩子的服饰最好有性别特征。这样,孩子在学校和同学相处时才会得到性别方面的尊重。四是和身材协调。衣服的大小、款式都要和个人的身材协调,瘦人穿得太宽大、胖人穿得太紧身、高个子穿得太短、矮个子穿得太长都是不协调的,和身材协调的着装看上去才会具有美感。着装除了和身材协调外，内衣和外衣要协调，上装和下装要协调，衣服和鞋子要协调。对于戴眼镜的人而言，眼镜和脸形要协调，眼镜和衣服要协调。五是要和季节协调。要根据不同的季节的温度变化，对衣服的款式、厚薄、保暖程度进行适时更换，让衣服为健康和舒适服务。

穿衣服除做到以上几个协调外，干净整洁很重要。要从小教育孩子爱干净，注重个人形象和气质，自己的衣服要自己清洗，无论父母在不在身边，都要穿戴干净整洁，以良好的形象展示自己。

三、住

住包括家居环境和卧室。关于家居环境的选择与布局，在传统文化中有一个重要概念叫风水。我认为，风水有科学的成分。所谓科学的成分就是有环境科学的成分，环境与人的生克关系、互动关系，这是科学的。说风水有迷信的成分，那就是因为风水先生为了赚钱编出来的一些吉凶理论。

从字面理解，风就是流动的空气，水就是水源、水质、水量、水向。其实家居环境涉及的要素很多，不仅是风和水，还有采光、视线、交通、通信等诸多因素。一是通风。空气流通好，空气质量好，病菌不容易滋生，有利于人的健康。二是水质。水的来源、输送渠道决定着水质的好坏。水是每天都要喝的，水质好自然有利益人体健康。反之，会导致很多疾病，特别是胆结石、肾结石等。三是采光。光线好，室内可以接受阳光直射，或者间接照射，可以提高室内温度，增加人体的舒适度。光线好方便各种居家活动，包括读书学习。在传统环境科学上，完全暴露在阳光下，称为"老阳"；阳光不直射，光线好，称为"少阳"；光线照不到，人为进行遮挡，黑暗之所，称为"老阴"。在居家场所的布置上，睡觉不需要光线，越黑越安静，睡眠质量越好，故卧室要布置成"老阴"的环境；院子、花园植物需要光合作用，固然是需要"老阳"的环境；而客厅、厨房、书房要布置成"少阳"环境，让太阳不能直射而光线又很好。四是视线，打开门窗，外面的视野要开阔，可以看到远方，可以看到绿水青山，人的心情会愉悦；如果视线不好，会很压抑。五是交通，交通好出行方便，利于家庭和社会之间人和物的交流，所以选择居家环境，交通要方便快捷。六是通信。现代社会，通信是最重要的沟通、交流和学习的渠道，故居家条件中通信是不可缺少的要素。七是室内的摆设布局要安全、方便，要有审美情调。同时，室内环境要干净整洁，有少许的盆景调节家中色调。有植物，就有生机，也知春夏秋冬，时光流逝。

四、劳

劳动是财富之源，读书是学问之本。古人理想的生活模式就是半耕半读。半耕，就体力劳动，创造物质财富，解决生活资料；半读，获得知识和学问，充实精神生活，用读书获得的知识指导劳动，用劳动创造的财富支撑读书。半耕半读，身心均可得到锻炼和提升，做到身心和谐。古人耕读传家，半耕半读的理念和实践，对今天的家庭教育仍有实实在在的借鉴作用。通过劳动锻炼身体是成熟家长的必修课，父母要让孩子全面发展，读懂社会，读懂人生，要让孩子学会生活，知道生活的艰辛与不易，就必须营造劳动氛围，让孩子参与劳动、学会劳动。知道劳动艰辛、生活不易的孩子会更加懂得读书的重要性，会更加努力地读书。会泽县东风小学建了一个劳动基地，有一次校长带领孩子们上街卖小瓜，但是小瓜价格低、难卖，孩子们受到了买者的白眼。参与卖瓜的几个孩子，当场就流着眼泪和校长讲："一定要好好读书，将来找份好工作，当农民太难、太不容易了。"这就是劳动锻炼和课堂教育相结合的效果。

由此可见，家庭劳动氛围的营造是家庭素质教育的一个重要内容，是提升孩子生存能力、生活能力的基本功。一是把劳动寓于生活之中，就如前面讲到的，让孩子参与家务劳动，如洗衣、做饭、拖地，自己的房间自己收拾，养成自己的事情自己做、自我管理、自我服务的行为习惯。二是利用周末的时间带孩子到农村的地里、到工厂的车间里参观、参与劳动，让孩子体验农民的耕作技术，观察庄稼的生长过程，学习工人的劳动技能，了解产品的工艺流程。这样的劳动，成果不重要，过程很重要。三是孩子16岁以后可以让其利用假期做一段时间的零工，虽然艰苦一些，但对孩子而言，是毅力的磨炼，是人生有意义的一段阅历。四是一些有独特手艺的家长，要带领孩子一起学习、一起劳作。这样，孩子长大后就会顺理成章地把父母的技能继承下来。如果孩子长大后才教，就很难达到上辈人的境界。

五、游

游就是旅游，古人有一种学习方法叫游学。行千里路，读万卷书，读书是用眼睛去旅游，书本就是山水；旅游是用脚去读书，山水就是书本。现代社会，旅游已经是家庭生活的一个重要组成部分，也是家庭素质教育的一个重要内容。

因为视野和体验的需要，因为异域风情的吸引，因为对未知事物的好奇，因为人类向往自然的天性，因为我们的心灵渴望文化的熏陶……这些都是旅游的理由。

古人认为，旅游可以观风察致、养身修性、格物致知、愉悦身心，可以观天地之美、晓万物之理、赏圣贤之文、体他乡之俗、品异域之味。我认为，今人出行旅游至少有四大好处：拓宽视野，增长见识；求新求异，满足好奇；近山亲水，养性修心；放松身心，消除疲惫。

第一，拓宽视野，增长见识。一个人站在井里，即使抬头仰视也只能看到簸箕大的一块天；站在高山之巅，即使平视也会视野开阔，满目风光。父母可以时不时带上孩子，走出家门，暂时放下锅碗瓢盆、油盐酱醋的琐碎家务，走进空旷的田野。异域的环境会给父母和孩子带来新奇的视角冲击和心灵的愉悦，可以使人心胸开阔、视野宽广，学习到书本上学不到的知识，感受人文化的山水、大自然的神奇和前人的智慧。

第二，求新求异，满足好奇。人类社会的进步除了利益的驱动之外，好奇心是一个重要的因素。因为好奇、求新、求异的天性，人类对未知领域、未知事物、未知山水、未知风情特别向往。走出家门，进入异域，走进大自然，走进风景名胜，可以满足孩子对异域风景、异域文化、异域风俗的好奇心。猎奇之后，孩子才会有强烈的兴奋感、幸福感。在孩子产生这种强烈感受的情绪时，家长要引导孩子："如果要走得更远，享受更好的风景，必须好好学习，为未来的腾飞打下扎实的基础。"

第三，近山亲水，修身养性。山能净心，水能涤妄。人来自自然，是自然的一部分，近山亲水是人类灵魂深处的一种需求。山和水是大自然的基本构架，人类接受山水的滋养，吸纳山水的灵性，视名山大川、旅游胜地为师为友，并从中获得智慧。清代王永彬说："观朱霞，悟其明丽；观白云，悟其卷舒；观山岳，悟其灵奇；观河海，悟其浩瀚；则俯仰间皆文章也。对绿竹，得其虚心；对黄华，得其晚节；对松柏，得其本性；对芝兰，得其幽芳；则游览处皆师友也。"天造山水，人赋妙意，特别是一些名山大川，承载着前人的足迹和情思，置身其中，用心用情去体验和感悟，用心和大自然的"物语"交流，一定可以提升孩子的境界和修为。

第四，放松身心，消除疲惫。现代社会，科技发达，社会进步，分工越来越细，每一个人在社会这张网上都是一个节点，在流水线上都是负责一道工序，生活、工作节奏都很快，因此大家在一起交流，经常听到的一个字就是累。对孩子而言，竞争激烈，学业很重，读书时间多，考试压力大，休息时间少。所以，家长要学会调节生活，缓解压力，方法之一就是要利用假期带上孩子出去旅游。暂时摆脱纷繁的人际关系，放下各种日常事务、工作压力、学习压力等，通过旅游放松身心、恢复天性、恢复灵功。旅游结束，重新回到"烟火人间"，重整行装再出发，于家长和孩子的工作和学习都会更有帮助。

六、乐

乐是乐观，就是要营造乐观的家庭氛围。俗话说，家家都有一本难念的经，自己的肚子疼只有自己知道。虽然我们生活在这个伟大的时代，物质财富十分丰富，社会公共产品完善，但生活中也会有这样那样的矛盾，这样那样的困难，每天总会遇到不如意的人和事，如工作中会有困难，夫妻双方处理三亲六戚的关系会有矛盾，孩子学业不好会影响心情。这些困难和问题让人情绪起伏，会让人跟随事情的顺逆产生喜怒哀乐的情绪，这些情绪又反过来影响着我们对待家人的态度，使我们做不到理性地处理问题。心情好，对待家人就会和颜悦色；心情差，可能就会恶语伤人，冷脸对人，给自己和家人都带来不快。在面对困难和问题时，特别是在逆境中保持稳定的情绪、乐观的心态，营造出乐观的家庭氛围，有利于提升家庭的幸福指数，有利于孩子的成长，可培养孩子健全的人格。否则，孩子整天处于紧张的家庭氛围中，战战兢兢，如履薄冰，随时担心一小个言行不妥就会被父母批评，这样是不利于孩子的成长、不利于孩子的身心健康的。那么，怎样才能保持乐观的心态呢？

第一，思想上要树立积极乐观的心态。要知道人生没有过不去的坎，乐也一天，悲也一天，现状不会因为个人的悲喜而改变，无论遇到什么困难和问题，明天的太阳都会准时升起。换句话说，天是不会塌下来的。

第二，办法总比困难多。问题导向，遇到什么问题，就想办法解决什么问题，人生就是不断地遇到困难、不断地解决困难的过程。

第三，有人的地方就有矛盾，要学会分析矛盾，化解矛盾。要换位思考，多为别人着想，特别是为家人着想。孩子有问题，处事不当，要冷静处理，既不能恶语伤人，也不能急语逼人，要循循善诱，讲究方法，理性对待。

第四，不要和家人讲太多的道理。家不是讲理的地方，是讲感情的地方。既要以理服人，更要以情感人。家人间感情好，家里就会有一个乐观的氛围，乐观向上的心态也会让家人之间感情更好。

第五，凡是通过努力改变不了的人和事，自己能力范围内不能掌控的人和事，就要学会改变自己、改变自己的心态、改变自己对人和事的态度，凡事要看得开、放得下。

一个人、一个家庭，如果大家都能够以一个乐观的心态，对待生活、对待工作、对待孩子的学业，在心灵深处保持乐观的心态，在家庭生活中营造乐观的氛围，对待社会上的人可以做到礼敬和赞美，构建和谐的人际关系，对自己想要的努力奋斗，对自己拥有的知足常乐，对自己不满意的学会释然，那么一个家庭就会乐观向上、其乐融融，家里每天都充满爱的阳光。

第六章　光阴荏苒　惜时如金

　　就时间本身而言，其作为一种客观存在，是无限的；就个人而言，时间是十分有限的，也是公平的。因为生命有限，所以就人生而言，时间是有限的。因为时间有限，所以时间宝贵，因为时间宝贵，所以要珍惜。

　　时间既是一种客观存在，也是一种主观感受。珍惜时间就是珍惜生命，浪费时间就是浪费生命。理想、信仰、志向、目标都藏在未来的时光里，一切都会赢在时间，一切都会输给时间，一切美好的理想都要靠时间去实现，一切的辉煌都会随着时间的流逝而消失。时间永不停息，子在川上曰："逝者如斯夫！不舍昼夜。"所以，家教中要给孩子灌输惜时如金的观念，才能让孩子懂得珍惜光阴、努力学习。

第一节　认识时间

一、时间是宇宙的一半

古人认为："四方上下曰宇，古往今来曰宙。"可见，宇宙是由时间和空间构成的，我们每个人都生活在一定的时空之中，我们都受时空的限制。如果我们把时间视为一个纵轴，把空间抽象为一个横轴，建立一个平面坐标系，那么我们每一个人都在这个坐标系上有一个点作为定位，同时我们也无法逃脱这个坐标系。就宇宙而言，就这个世界而言，时间无限，空间无限，但就个人而言，时间和空间都非常有限。你拥有的时间很少，如古人所说白驹过隙；你拥有的空间很少，活动半径很小。

事实上，空间，即宇宙很大，用我们现有的知识和思维来理解，可以说是无限的、无边界的。在科学家的世界里，空间是用光年来计算的。时间无限，既没有起点，也没有终点，故称为古往今来。当然，现代科学也可以证明时间有起点，可以把时间的起点定位为137亿年前左右，因为科学界比较统一的认识是宇宙是在137亿年前的大爆炸中产生的，是一个奇点爆炸之后，无限膨胀形成了今天的宇宙。有了宇宙才有了时间，那么同样的道理，未来某一天，宇宙坍塌了，时间也就不存在了，那么宇宙坍塌的时间就是时间的终点。

之所以讲时间是宇宙的一半，我最想表达的意思是我们虽然受到空间的限制，但可以在一定的空间范围内活动。科技越发达，我们的能力越强大，活动半径越大。我们可以借助交通工具拓展活动范围，走路5

公里/小时，骑自行车15公里/小时，开汽车100公里/小时，坐高铁300公里/小时，乘飞机1000公里/小时……今天的人，活动范围几乎可以到达地球上的任何一个国家。当然，人类的活动范围在宇宙中是很小的，而个人就更小了。同时，我们也受到时间的限制，我们生命的时间是非常有限的。在宇宙中，在历史的长河中，个人的生命只是一瞬间而已。所以，在家庭教育、在自我修炼的过程中，保持一个健康的体魄，尽可能地延长生命的长度，是家教智慧的一个重要内容。

二、时间的不可逆性

时间永不停歇，永远向前，不可逆转。时间逆转，穿越时空隧道，回到古代，老翁转少年，只有在科幻文学里才有，现实生活中是永远不存在的。因为时间不可逆转，宇宙始终在膨胀，地球始终围绕太阳公转，地球上的生物都有一个产生、成长、成熟、衰老、死亡的过程。作为万物之灵的人也不例外，人的生命也要历经生、长、壮、老、死的过程。因为时间不可逆转，生命的这个变化过程自然也不可逆转，每一个阶段的人生错过了也就错过了，正所谓"花无重开时，人无再少年"。

我们讨论时间的不可逆转性，就是为了珍惜时间，珍爱生命。作为家长，当然也就必须懂得教育孩子珍惜时间，把握好人生的每一个阶段，走好人生的每一步，不虚度光阴，做好每一个阶段该做的事，努力担负起自己的人生责任，让晚年回首往事时不因为碌碌无为而羞耻，也不因虚度人生而感叹空长百岁。据说，有位画家活到一百岁办了一个个人画展，在画展上老人感叹："我不知道我能活这么长时间，否则的话我要比现在更努力些。"

三、时间的有限性

就时间本身而言，其作为一种客观存在，是无限的；就个人而言，时间是十分有限的，也是公平的。不论是帝王将相，还是平民百姓，终将老去，终将死去。因为生命有限，所以时间宝贵，因为时间宝贵，所以要珍惜。

人生的成长是有阶段性的，这种阶段性其实就是一种时间限制。比如说，三年的高中不可能让你读四年，四年的大学不会让你读五年。当然，也有个例，但那是占用了其他阶段的时间，占用了迟早是要还的。

今天，中国人的平均寿命为78岁。随着社会的进步，生活水平、医疗技术的提高，人的寿命还会增加。如果我们按平均寿命80岁计算的话，人一生的时间只有29200天、700800小时。而这80年，学龄前占了6年，小学占了6年，初中、高中各占3年，大学占4年或5年。正常情况下，大学毕业22岁开始工作，60岁退休。工作38年，60岁后享受退休生活。

其实人活80岁是总的生命时间，是一种自然寿命，而人文寿命则比这个时间要少。早年不懂事，晚年要么不清醒，要么不健康，所以说健康生命比总生命短，人文的有价生命比总生命短。鉴于时间的有限性和宝贵性，我们要提高健康生命占总生命的比重，提高人文寿命占总生命的比重，提高有价生命占总生命的比重。

现在我们来算几笔账。人生不知时光流逝，没有生活学习压力，只管嬉戏的学龄前时间为6年，读书时间为16年，工作时间为38年，退休生活为20余年。如果每天扣除8小时吃睡拉撒的时间，实际可以用于学习、工作、思考的时间只有467200小时。其中，16年的学习时间只有5840天，按每天学习8小时计算，学习时间只有46720小时；38年的工作时间只有13870天，扣除每年54个双休和一些节假日120天，实际工作时间只有9310天，按每天工作8小时计算，工作时间只有74480小时。

为了更清楚时间的有限性和宝贵性，我再把大学4年的时间做一个计算。大学4年总时间为1460天，每年除去寒暑假两个月，那么在校时间为每年10个月300天，4年只有1200天，每个月有4个周末，那就是10个月40个周。4年160个周，扣除周末320天，实际上课时间只有880天。大学4年至少有30门课，每门课学习时间不到30天。如果一个大学生不懂得珍惜时间，大学4年打打游戏、上上网，一晃就过去了。要成为一个素养好的大学生，只上上课，考个及格分是不行的。要成为一个专业知识过硬、知识面宽、人文素养好、能适应社会的合格的大学生，一定要惜时如金，除了好好上课、听课之外，业余时间的科学应用、广泛阅读，听取与专业知识相关的提升人文素养的讲座十分重要；同时，要参加社会实践，提前了解社会，进入单位后才能适应工作岗位和人际环境。因此，惜时、勤学、善思、立行，既是大学四年要遵照执行的人生理念，也是做人的信条。

四、时间的阶段性

人类是由低级向高级，由野蛮向文明发展的。这个发展的过程，分为原始社会、奴隶社会、封建社会、资本主义社会、社会主义社会等若干个阶段。而自然的运行也是分阶段的，如一年分为春、夏、秋、冬四季，一天分为白天和黑夜或早、中、晚等。自然也好，社会也罢，各个阶段有各个阶段的特点和功用，阶段的前后顺序有其自身的规律性。

人生亦如此。人生也是分阶段的，并且各个阶段的特点十分明显，阶段顺序不可打乱。人生各个阶段的时间的宝贵程度也有所不同，人生要向自然学习，才能让各个分阶段井然有序、春华秋实。人生阶段的划分因时代不同而不同，古人把8岁以前的孩子称为幼童，把8岁送去读书的孩子称为成童，而现在的孩子满6周岁就要上小学，称为少年。同一时代因为观察研究的方向不同，划分的方式也有所不同，但大多数专家把人生分为婴儿、幼儿、童蒙、少年、青年、中年、老年。0~2岁为婴幼儿，3~6岁为儿童，7~17岁为少年，18~35岁为青年，36~60岁为中年，60岁以后为老年。此外，还有二十弱冠、三十而立、四十不惑、五十知天命、六十耳顺、七十古稀、八十耄耋的划分方法。

从方便家庭教育的角度，我认为把人的一生划分为幼儿期（0~6岁）、求知期（7~22岁）、创业期（23~60岁）、收获享受期（60岁以后）四个阶段比较合适。0~6岁为幼儿期，这个阶段主要是身体的生长，要以娱乐为主，寓教于乐，培养孩子的情感、爱心、习惯。这个阶段的时间是可以随意使用的，既不要让孩子忧虑，也不要让孩子感知时光的流逝。7~22岁为求知期，也就是小学、初中、高中、大学时光的总和。这个阶段的主要任务就是学习做人做事的基本知识、专业知识和生活工作技能。家教的重点也就是在这个阶段，因为这个阶段所学到的知识以及打下的基础可以受用一生。这个阶段的学习程度很大程度上决定着人生的高度，所以有很多珍惜时间的名言谚语都是围绕这个阶段讲的，比如"河水不会倒流，人老不会黑头""好药难医心头病，黄金难买少年时""人在青春，花在盛夏""少而不学，老而无知""一寸光阴一寸金，寸金难买寸光阴""少壮不努力，老大徒伤悲""花有重开时，人无再少年""惜时如金，学贵有恒"等。

7~22岁作为人生的求知期，是人生最美好、最宝贵的阶段，这个阶段打牢的身体基础、知识基础、道德基础，以及学习、生活习惯，决定着人一生的高度。春华秋实，创业期成功的种子都是在这个阶段播下的，而晚年享受的成果都是创业期创造的。

第二节　计时文化

　　计时方法和计时文化是人发挥主观能动性并认识和利用时间的体现。每个国家和每个民族都有自己的计时方法和对时间的理解。人类生活在地球上，肉眼看得见的星球是太阳和月亮，感受到的是白天和黑夜，以及春夏秋冬、四季冷暖、花开花谢、天气阴晴、月亮圆缺的变化，所以大多数计时方法都以地球围绕太阳运转、月球围绕地球运转作为参照，比如阳历、阴历、农历、太阳历、藏历、佛历，等等。现在国际上通用的是公元纪年法，也就是我们经常说的阳历。

一、公元纪年法

　　公元纪年法是以公元元年即以耶稣诞生之年作为起点计算的，之前的年份叫作公元前某年。例如，传说中的黄帝纪元元年，就是公元前2697年，为文明之肇始，黄帝曾采铜铸鼎，又作舟车以济不通。公元元年时，中国的皇帝纪年为西汉平帝元始元年，甲子纪年为辛酉年，在民间，这一年，出生的人属相为猴。这一年，平帝封孔子后人孔均为褒成侯，追谥孔子为褒成宣尼公。

　　从公元元年算起，至今公元纪年已历经2023年。

　　公元纪年是6世纪的一个基督教修道士狄安尼西提出来的，首先被欧洲各国采用，之后逐渐在全世界通用。中国在辛亥革命的次年即1912年起采用公历纪年，同时采用中华民国纪年，例如1919年为民国八年。中华人民共和国成立后，采用大多数国家都使用的公元纪年制度，这是1949年9月中国人民政治协商会议第一届全体会议协商决定的。在中国民间，公元纪年被称为阳历。

公元纪年包括世纪、年代、年、月、日、时、分、秒。

100年为一个世纪。公元0~100年为1世纪，以此类推，现在是21世纪。10年为一个年代，一个世纪有10个年代。地球围绕太阳公转一圈为一年，地球绕太阳公转一圈为365天48分46秒，故一年365天，闰年366天。一个月有28天或29天、30天、31天，其中1月、3月、5月、7月、8月、10月、12月为31天，4月、6月、9月、11月为30天，2月为28天（闰月为29天）。一天24小时，1小时60分，1分60秒。我国通用的时间为北京时间，北京时间以北京所在的东八区的区时作为标准时间，即东经120°经线的平太阳时。北京时间的发源地是中国科学院国家授时中心授时部，位于陕西省渭南市蒲城县。

二、中国传统的计时方法

（1）阴历。阴历是农历，但农历不仅是阴历。阴历是中国传统历法之一，又被称为农历、古历、汉历、黄历、夏历和旧历等。阴历以月为基本单位，一个月以新月出现的那一天为始，直至下一个新月出现的前一天。由于以月亮为主要参照系，月亮公转的周期介于29~30天之间，阴历的一个月也就依据新月出现时刻的早晚为29天或是30天，其中大月为30天，小月为29天。与阳历不同的是，大小月在不同的年份中不是固定的。12个月的时间较阳历年即地球绕太阳公转一周的时间短11天左右，为了使阴历与阳历年保持相对稳定，每隔三年就要加入一个闰月。二十四节气则是由地球在绕太阳公转的轨道上的位置确定的，以每年的冬至为始，每15°为一个节气，故二十四节气在阳历中有基本的固定日期，而在阴历中不固定。在阳历中，一月小寒、大寒，二月立春、雨水，三月惊蛰、春分，四月清明、谷雨，五月立夏、小满，六月芒种、夏至，七月小暑、大暑，八月立秋、处暑，九月白露、秋分，十月寒露、霜降，十一月立冬、小雪，十二月大雪、冬至。古时候，以二十四节气指导农耕，故阴历加二十四节气的应用才是农历。

（2）年次纪年和年号纪年。在古代，我国最早的纪年法是用国君即位的年次序数纪年的。经考据，确证我国从周朝共和元年即公元前841年开始有确切的纪年，之后逐年均有史事记载。对此，《中华世纪坛青铜甬道铭文》是这样描述的："公元前841年，周共和元年，鲁真公十五年，周厉王暴虐，引国人暴动，被国人流放到彘。大臣周、召二公主持政事，称'共和行政'，此年为中国历史上有确切纪年之始。"共和十四年（公元前828年），厉王死，召公、周公就立太子姬静为王。《史记·十二诸侯年表》称公元前827年为宣王元年，元年就是头一年，下一年是宣王二年……后以此类推。从此，《史记》的年表、本纪，把历代"年份的史事记载得清清楚楚"。

根据清朝赵翼所著《廿二史札记》考证，年号纪年是从汉武帝建元元年，即公元前140年开始的。这一年有个十分重要的事件就是董仲舒建议"罢黜百家，独尊儒术"，并得到采纳。

据传，汉武帝十九年，即公元前122年，汉武帝出行狩猎，捉到一只独角兽白麟，群臣认为是吉祥的神物，值得庆贺，建议用来纪年，于是立年号为"元狩"，称那年为"元狩元年"。至第七年，汉武帝又在山西汾阳获得一只三脚宝鼎，群臣又认为是吉祥之物，建议用来纪年，就改年号为"元鼎"，称这年为"元鼎元年"。因为汉武帝在位十九年才改称为"元狩元年"，为了追溯以前的十八年，就追补了三个年号，即"建元""元光""元朔"。因为每六年用一个年号，故汉武帝即位的那年，即公元前140年，称为"建元元年"。以后，新君继位都会改换年号，以示一个时代的结束，另一个时代的开始，重新纪元年、二年……这就是"立号改元"。

（3）干支纪日、纪年。我国古代的纪时方法，除了用皇帝的年号纪年，最常用的是干支纪日、纪年。

中国古代用皇帝年号纪年的缺陷在于皇帝在位时间长短不一，同一时期有几个政权、几个皇帝、几个年号，还好干支纪年弥补了这个缺陷。

"干支"本指树木的干和枝，古人把甲、乙、丙、丁、戊、己、庚、辛、壬、癸十个字称为十干，又称天干；把子、丑、寅、卯、辰、巳、午、未、申、酉、戌、亥十二个字称为十二支，又称为地支。十干、十二支相配，即单数与单数相配，双数与双数相配，这样一种组合得出六十个干支名称，称为一甲子，即六十年。

表6–1　六十个干支列表

1	甲子	11	甲戌	21	甲申	31	甲午	41	甲辰	51	甲寅
2	乙丑	12	乙亥	22	乙酉	32	乙未	42	乙巳	52	乙卯
3	丙寅	13	丙子	23	丙戌	33	丙申	43	丙午	53	丙辰
4	丁卯	14	丁丑	24	丁亥	34	丁酉	44	丁未	54	丁巳
5	戊辰	15	戊寅	25	戊子	35	戊戌	45	戊申	55	戊午
6	己巳	16	己卯	26	己丑	36	己亥	46	己酉	56	己未
7	庚午	17	庚辰	27	庚寅	37	庚子	47	庚戌	57	庚申
8	辛未	18	辛巳	28	辛卯	38	辛丑	48	辛亥	58	辛酉
9	壬申	19	壬午	29	壬辰	39	壬寅	49	壬子	59	壬戌
10	癸酉	20	癸未	30	癸巳	40	癸卯	50	癸丑	60	癸亥

这个六十干支名，十干各用六次，十二支各用五次，用来纪日，每天纪一个干支名称，按顺序记下，循环使用，这就是干支纪日，俗称甲子纪日。

干支纪年就是每年取一个干支名称，从"甲子"到"癸亥"满六十年，再循环使用。这样，不管历史上的王朝、皇帝年号怎么更替，有了干支纪年就可以把历史上的实际年份反映得清清楚楚。例如，王羲之《兰亭集序》开篇就讲："永和九年，岁在癸丑，暮春之初，会于会稽山阴之兰亭，修禊事也。"这里的"永和九年"是晋穆帝永和九年，癸丑是干支纪年，同时是公元353年。干支纪年，一说是从东汉顺帝时才开始使用，一说是王莽建国五年开始使用，也有王莽以前就开始使用的说法，而之前的年份是后人用倒推法推出来的。

干支纪年是我国古代历法中重要的计时工具，很多重要的历史事件都是用干支来表示的。比如，1894年的中日战争称为甲午战争，1898年的变法称为戊戌变法，1911年推翻清政府的革命称为辛亥革命，等等。

用干支纪年，我们每个人的生年也就可用干支来记录，年、月、日、时都可以用干支来表达。在民间，年、月、日、时的天干地支被称为八字。因为用干支比较难记，古人给十二地支配上十二种动物，作为那一年的属相，也使得每个人的生年属相成为他的生肖。与十二地支——子、丑、寅、卯、辰、巳、午、未、申、酉、戌、亥相对的属相分别是鼠、牛、虎、兔、龙、蛇、马、羊、猴、鸡、狗、猪。

此外，古人也把一天24小时分成十二个时辰，并用地支来表示。每两小时为一个时辰，晚上十一点至一点为子时，为一天的开始，一至三点为丑时……以此类推，晚上九至十一点为亥时，为一天之结束。

中国古代的天干地支计时方法，在民间运用广泛，赋予了婚丧嫁娶看日子、婚配排八字等内容，这既是一种计时方法，也是一种文化现象。

第三节　科学用时

从宏观层面看，时间管理是一辈子的事情，一辈子都要珍惜时间，学会管理和珍惜时间，受用一辈子。勤学和有作为的人都会感叹时间过得很快，故有颜真卿《劝学》曰："三更灯火五更鸡，正是男儿读书时。黑发不知勤学早，白首方悔读书迟。"十年树木，百年树人，从人一生的长度和高度看，就是要以志统行，让人生始终有理想、有目标，以书为友伴终身，围绕理想和目标去努力、去奋斗，科学安排时间。再者就是要终身勤奋。察看世人，只要是"中智"之人，有上上之勤都能有成就，即使是中下之智，只要长期坚持并有上上之勤也能够掌握基本的生活技能、基础知识，一定会在某方面有自己的专长。只要做到志与勤的统一，就不会虚度光阴，就会有作为，就会成为对家庭、对社会有用的人。

从中观层面看，人生是以年为周期的。就社会而言，每个单位、学校都是按年度安排学习、工作的。所以，从个人安排利用好时间出发，要科学安排年度计划，80个年度计划就是总的人生。成人的年度计划是自己制订的，而小孩子的年度计划则要家长帮助制订。要帮助孩子制订好年度计划，首先要了解孩子所在学校的教学计划、课程设置、作息时间；其次要算好三笔时间账，即放假的时间、周末的时间、每天的业余时间；最后确定孩子学业之外的学习内容、学习效果、生活情趣，包括旅游项目等。总之，帮助孩子计算出总时间，计算出每一项学习、每一项事务用的时间，做到时间收支平衡，再计划出每天的作息时间表。在做计划时，要让孩子自己算账，发挥孩子的主观能动性，让孩子自己去思考时间、学习内容，家长主要是指导和引导。计划实施一段时间后，孩子不适应或不合理的要调整，要不断地优化方案。家长要监督孩子，帮助孩子实施计划并解决因自律能力差导致计划落空的问题。

从微观层面看，一天24小时可以分为三个时间板块。一是生理时间；二是8小时内的工作或学习时间，对于上学的孩子而言，主要是学习时间；三是可以自由支配的业余时间。

（1）生理时间，也就是睡觉、吃饭、排泄的时间。生理时间主要受生理机能支配，是生命活动必须占用的时间。生理时间是由主观和客观共同控制的，虽然受生理制约，但主观上也可以作适当的调节，可以安排得更科学、更高效。排泄当然是顺乎自然，而吃饭对于小孩而言，以吃饱为度，10分钟至半小时足够了，睡觉最好是子时睡卯时起。同样是睡觉，同样年纪的人用时四五个小时到10多个小时不等；同样是吃饭，有的人10分钟可以吃好，有的人一个小时也吃不好。这就是时间管理上的差距。

其实生理时间除生理机能这个客观因素外，主观上与个人性格、做人做事的理念十分密切。一般说来，勤学、有责任心、做事不拖拉的人，吃饭、睡觉都有规律，会形成自己的生物钟，其生理时间的占比较小；相反，混日子、没有责任心、做事拖拉的人，生理时间的占比较大。前者是时间不够用，后者是时间很难混。据我观察，人的成就与睡眠时间成反比。例如，大多数科学家只睡四五个小时，很多专家、企业老总、老师、孩子多的母亲每天只睡五六个小时，常人睡七八个小时，无所作为的人睡十几个小时。可见，生理时间通过训练是可以适当压缩的，但对正在长身体的孩子特别是儿童阶段的孩子来讲，要保证充足的睡眠时间，以利于身心健康。一般说来，小学阶段不应低于8个小时，初中不应低于7个小时，高中不应低于6个小时。

（2）8小时内的学习时间。对于成人来讲，8小时内是工作时间，而对于学生来讲，8小时内是学习时间，并且8小时是一个概数，有的超过8小时，有的不足8小时。8小时以内的学习时间是用来高质量地完成学业的，所以8小时以内的学习时间，主要是用以提高学习效率，让每一节课都有相应的收获。

8小时内的学习时间是由老师主导的，既然是老师主导的，那么从时间安排、课程内容设置上看，学生就是被动的，学生必须跟着老师的指挥棒转。虽然时间安排上是被动的，但学习上应该是积极主动的。一是要主动服从老师的安排，按照老师的教学节奏学习；二是要精力集中，做到人在教室，心在课堂，认真听、认真记、认真思考，弄不懂的问题，在课堂上或在课后向老师请教，遇到一个问题就要解决一个问题，不要让问题扎堆；三是要提前预习，带着问题去听课，在心中有一个和老师互动的过程，在心里也可以比较自己想的和老师讲的之间的同与异。总之，8小时以内，要着重提高学习效率，课堂上能解决的问题、能掌握的知识点，不要带到课外。相反，课外解决不了的问题可以带到课堂上请教老师和同学。

（3）可以自由支配的业余时间。人与人之间的差距在很大程度上取决于可以自由支配的业余时间的应用的差距。对大多数人来讲，生理时间和8小时之内的学习时间差别不大，但业余时间的管理应用差距很大。从家庭教育的角度讲，业余时间要用来做以下几方面的事情：

一是用来弥补课堂教学之不足。老师安排的作业要完成，这是保基本。另外，课堂上没有弄懂的问题要弄懂，没有记住的要反复背，考试的错题要纠正，并知道错在哪里，答案是什么。

二是用来学习和培养自己的特长和爱好。这是有别于他人、有别于课堂共性教育的个性特质教育，也是家庭教育和学校教育最大的区别所在，每个人都应在一至两个方面有自己的特长和爱好。

三是用来锻炼身体的时间。这是每天、长期、终生都要坚持的事。

四是要用适当的时间参与家务劳动和其他劳动。在生活中学习，让生活的艰辛教会人珍惜时间、主动学习。

五是用来孝敬长辈的时间。利用周末、节假日时间去看望长辈。

六是要适当外出旅游。现代社会，随着生活水平的提高，家庭功能在爱的功能、繁衍功能、教育功能、经济功能的基础上，增加了一个旅游功能。适当的外出旅游可以放松身心、开阔视野，这也是一种特殊的教育形式。

科学合理地利用业余时间有很多方法。首先，分散的时间既可以分散用，也可以集中用。例如，每两节课之间10~15分钟的课间休息，可以用来跑跑步，也可以拉单双杠。总之，用来做些简单的体力运动，既可以利用好业余时间，又可以放松身心，更有利于提高上课效率。从家到学校、从学校到家的路途，可以用来背单词以及复习数学、物理公式等需要记住的知识点，前提是要做成卡片便于携带和保存。其次，集中的时间分散用。例如，寒暑假非常集中，要把一月划分成若干个时段，然后确定每个时段的学习、生活内容，可以安排一周来旅游，安排一周到乡下体验劳动，安排一周来复习上学期的功课，再安排一周来预习下学期的内容。当然，旅游也好，回乡下劳动也罢，记得带上笔记和书，在劳动的过程中，还有很多业余时间可以用来学习，有什么感悟也要及时记录下来。每天的时间也要分成若干个时段，做到文理交替、体脑交替。这种交替其实就是一种休息，可以做到劳逸结合。这样，既学到知识，过得充实，又不至于疲劳。这种科学的安排，既丰富又有乐趣，更有利于孩子持之以恒。

同时，关于孩子的时间管理，要防范以下几种浪费时间的现象。第一，沉溺于电子游戏不能自拔，无节制、不分昼夜地打电子游戏。第二，毫无意义的闲聊。第三，看低级庸俗的小说和其他作品。第四，看手机上的八卦和碎片化的阅读。第五，无所事事的空耗。

第七章　养成教育　规范行为

　　小鸟有小鸟的飞行姿势，大鹏有大鹏的飞行姿势，各人有各人的成长姿态——学习、生活习惯，每个家庭有每个家庭的教育方法。养成教育就是寻求孩子成长的最佳方式，让孩子坚持正确的飞行状态，飞得更高、更远。

　　"勤学如春起之苗，不见其增，日有所长；辍学如磨刀之石，不见其损，日有所亏。"这两句话准确描述了事物变化循序渐进的道理。教育培养孩子就像培育幼苗，家长要精心呵护孩子，帮助孩子养成良好的行为习惯。

第一节　内涵意义

养者，培养；成者，成长。养成教育就是培养孩子成长姿态的教育，这是从字面上来理解的养成教育。通常情况下，教育界把培养学生良好行为习惯的教育称为养成教育，其内容包括思维习惯、语言习惯、行为习惯。

（1）思维习惯。思维是人类所具有的高级认识活动，是人脑对新输入信息与脑内储存的知识、经验进行一系列复杂的心智操作过程，在已知信息条件下进行判断推理等的意识活动过程。思维习惯，简单地讲就是看待世界、看待社会、看待人生，以及思考学习生活中所遇的各类问题的定式的方式方法。思维是内在的意识活动、心理活动，因为思想是行动的统帅，一切语言和肢体行为都受思维的支配，所以思维习惯决定着语言习惯、行为习惯。

（2）语言习惯。语言习惯就是与人交流、说话的语调、表达的方式，常用的词语、语句，同时也包括表情、情绪等和言语配合的肢体语言。一般来说，语言习惯有两种，一种是正面的、积极的；另一种是负面的、消极的。培养好的语言习惯就是要培养正面的、积极的、柔和的语言习惯。

（3）行为习惯。行为习惯是行为和习惯的总称，是整个人外在肢体在生活学习工作中，经常的、有规律的表现出来的行为方式。行为习惯有四个特点：一是自动化的行为方式；二是在成长过程中逐渐养成的，这与人后天条件反射系统的建立有密切关系；三是行为习惯的自动化动作中包括的思维、情感的内容；四是行为习惯有好习惯和坏习惯之分。其实思维习惯、语言习惯、行为习惯是密不可分的，先有内心深处的思考、思维、思想，后有语言和行为，语言和行为则体现内心的思想，反过来也促使一个人有更深层的思考。

"少成若天性，习惯成自然。"习惯是孩子的第二天性，是一种自动化的定式行为，是一种稳定的学习、生活、工作方式。按心理学的说法，习惯是外在刺激与主观反应之间的稳定连接。好习惯成就一个人，坏习惯毁灭一个人。一切有利于身心健康，有利于学习、生活和工作的习惯都是好习惯；反之，一切有损身心健康，影响正常学习、生活和工作，导致人际关系紧张的习惯都是坏习惯。

从家庭教育的角度讲，习惯的培养是一种养成教育。所谓家庭养成教育，就是以父母为主的家长通过对孩子的引导、训练、监督、奖惩等综合措施，培养孩子良好的思维、语言和行为习惯，全面提高孩子的"知、情、意、行"，最终形成良好行为习惯过程中的教育方式。

好习惯是一种科学的成长方式，长期坚持的过程就是养成的过程。好习惯一旦形成，孩子就会一以贯之，父母就省心，孩子就能健康成长。所以有专家说："训子千遍，不如培养一个好习惯。"好习惯成就孩子，让孩子终身受用。

习惯涉及生活、学习、康体、睡眠、交友等方方面面，在孩子成长的过程中，习惯无处不在。从学校教育的角度看，养成教育有目标，有具体的细节要求，有制度保障，有教师引导、监管，并且要求所有的学生整齐划一，也就是一所学校、一个班级用一个标准要求所有学生，用一把尺子量度所有行为，所以氛围好，容易做到，容易养成。因此，家长要了解学校养成教育的内容和做法，配合老师做好工作，让孩子回到家里也能坚持做好。家教好的家庭"5＋2＞7"，家教差的家庭往往是"5＋2＜5"。

学校的养成教育可以说周到细致。例如，对一年级学生有以下五个方面的要求：学习习惯，按时完成作业，养成正确的读书写字姿势，能阅读拼音小故事；生活习惯，每晚准备好第二天的学习用品，早睡早起，按时吃饭，不吃零食，爱惜粮食，爱护书本，爱惜学习用品，不乱扔果皮纸屑，自己穿衣服、系鞋带；交友习惯，同学之间友好相处，不打架，不骂人，乐于帮助同学，不与陌生人交往；健康习惯，早晚刷牙，饭前便后勤洗手，不买小摊食品，按时做"两操"（眼保健操、课间操）；其他习惯，见到老师和客人主动问好，公共场合不大声喧哗，得到他人的帮助心存感激。对六年级学生有以下要求：学习习惯，主动搜集与学习相关的资料，拓宽知识面，注重运用所学知识解决实际问题；生活习惯，有规律的日常生活，做事有目标有计划，当天的事当天做完；交友习惯，学会保护自己的隐私，尊重他人的观点和习惯；健康习惯，讲究卫生，科学锻炼；行为习惯，举止文明，诚实守信，勤于动手，爱护环境，积极参与公益活动。中学生则要求有八个方面的良好习惯：培养良好的文明礼仪习惯，使用文明语言，待人有礼貌，穿戴干净整齐，根据场所佩戴标志等；培养良好的学习习惯；培养良好的康体习惯；培养良好的卫生习惯；培养良好的阅读习惯；培养良好的劳动习惯；培养良好的生活习惯；培养良好的安全习惯。

家庭养成教育除配合学校培养以上好习惯外，有四个方面的习惯养成是重点：一是培养孩子珍惜时间，即按时睡觉和起床的习惯；二是要培养孩子自己的事自己做的习惯；三是培养孩子分担家庭责任的习惯；四是培养孩子不挑食，父母做什么饭菜都能吃饱的习惯。

第二节 内生动力

好习惯都是长期养成的，需要长期坚持，甚至一辈子都要坚持。习惯的养成，坚持一天、两天很简单，忍忍就过来了，而长期坚持则很难。例如，晨跑、晨读，能做到风雨无阻、寒暑不忘，这需要毅力，而且是坚韧的毅力。那么，怎样才能拥有坚韧的毅力呢？支撑坚韧毅力的能量又在哪里呢？当然是内生动力。所以，培养好习惯要从培养孩子的内生动力开始。其实，支撑坚韧毅力的动力，也就是人生奋斗的动力。根据我多年的观察和研究，人生奋斗的动力是多方面的，其中最主要的是四个方面：生存压力、责任、理想、兴趣爱好。

一、生存压力

生存压力是人奋斗的原始动力，因为要生存，不得不奋斗，这也是习惯养成的内生动力。在20世纪六七十年代，我们的国家还没有改革开放，生产力比较落后，物质匮乏，每一个家庭、每一个人的生存压力都很大。在家庭、在学校，没有人给我们讲多少深刻的道理，但大多数孩子都有早起、劳动的习惯，这其实是生活的艰辛和不易使人养成早起、勤劳的习惯。改革开放后，生活越来越好，但早起和勤劳的习惯也保留了下来。未成年时所经历过的饥饿之苦、寒冷之苦、劳作之苦，今天已经变成了一笔人生财富。今天的孩子不会再有这些经历，但经历吃苦是人成长、成熟的垫脚石、催化剂，是任何心灵鸡汤都无法达到的教育效果。我们没有必要再让今天的孩子重复我们这一代人吃过的苦头，但要让孩子知道生活的艰辛与不易，知道父母支撑这个家庭的艰难和苦楚。当然，说教常常会左耳进右耳出，只达表层不入骨髓。所以，有必要有意识地让孩子体验一下饥饿、寒冷、劳动之苦，以收到刻骨铭心之效，让孩子知道节俭、勤劳的重要性。吃苦对孩子的成长、成熟、习惯养成是最直接、最鲜活的教材。现实生活中，很多父母一方面想让孩子成长，一方面又舍不得给孩子吃苦，结果使得孩子奋斗的最基础的动力即生存压力，也就是奋斗的基本动力缺失了。

二、责任

人是背负着责任来到这个世界的，少时被度、长大自度、成家立业度人，这是人生的规律。被度阶段要有责任心，才能成长得好，最终才能自度、度人。人生有三个层面的责任，即对自己的责任、对家庭的责任、对社会的责任。

作为父母，要培养孩子的责任心，培养孩子自己对自己负责的意识，让孩子随着年龄的增长学会自己的事情自己做。例如，自己穿衣服、自己洗澡、自己背书包。小学阶段则要培养孩子自我服务、自我管理、自我教育的独立能力。作为父母，指导和帮助是可以的，但不能大包大揽，特别是独生子女家庭，几代人围绕着一个孩子转。有的家长甚至认为，只要孩子把书念好，其他的事他们都会做好。其实，这是很错误的想法、做法，这样只会导致孩子的自私和对自己不负责。孩子读书是为自己读，父母让孩子只管读书、读好书、考好试，会让孩子认为是为父母读书。从长远来看，孩子会失去学习的动力。孩子只有明白读书学习是自己对自己负责，才可以持续地读书。

同时，要培养孩子对家庭的责任。家庭中的每一个成员都有责任为这个家庭负责，当然家长应当担大责、负主要责任。从小就要培养孩子的家庭责任，家中有困难和孩子一起商量，让其有危机意识，让其有所担忧并思考应对的策略。例如，家庭经济困难要让孩子知道，这样孩子就会产生节俭的心理和行为，会思考今后怎样挣钱来解决困难，就会形成学习的动力。然而，现实生活中，有的家长因不懂教育，溺爱孩子，往往是穷汉养娇子。家中老人生病住院，要让孩子参与照顾老人，这样既可以培养孩子的孝心，也可以培养孩子的责任心。对父辈有孝心、对家庭有责任心的孩子，没有不努力学习的。

三、理想

理想和志向是人生长远的、终其一生的奋斗方向。通往理想、志向的路上，有大大小小的阶段性的目标，这些目标是看得见、摸得着的。培养孩子的习惯，使其在心灵深处有一个遥远的理想。孩子在行动上特别需要大大小小的目标导向，只有每天每月每年的小目标得以实现，最终的理想志向才可以实现，这就是目标导向。人生要先有目标再行动，先有目标再来规范孩子的行为，要用目标来引领家长和孩子的行为。任何事情都是二次创造的，第一次来自思想，或者说是来自精神层面的创造，先在头脑中有想法、有方案；第二次才是行为上的创造，把头脑中的想法通过行动变成现实。所以，家长要启发孩子学会思考问题，形成做任何事情都要学会先设定目标，再确定方法，再有行动的习惯。例如，拿一碗面粉给孩子，让孩子思考这碗面粉怎么用。要先确定是做包子还是做面条，再确定方法和步骤。一家人要外出旅游，先设定旅游目的地，再来研究出行线路、交通工具，以及其他事项。

理想、志向、目标是人生奋斗的动力，也是培养好习惯的动力；

用未来的目标来引领今天的行动，人生始终是积极向上的。

四、兴趣爱好

兴趣爱好是一个人努力的强大动力。生存压力让人不得不奋斗，这是生活所迫不得不去奋斗，而兴趣爱好则是一个人发自内心地从主观上就十分想做的事。兴趣爱好能让一个人的心灵价值转化为社会价值。孩子只要有兴趣爱好就会努力行动，久而久之就会形成规律和习惯。所以，父母要善于观察、善于倾听，要善于发现孩子的兴趣爱好。当然，要区分兴趣爱好和不良嗜好，要引导孩子培养有利于身心健康的兴趣爱好，以兴趣爱好为契机来培养孩子的习惯，以兴趣爱好来引领孩子的成长，以兴趣爱好来促进孩子的学业。例如，若孩子特别喜欢踢足球，父母就要给予支持，给孩子准备球衣、球鞋等，收集与足球相关的知识、信息等资料，每天安排足够的时间让孩子训练且长期坚持。通过长期训练，孩子的身体一定会强壮，毅力也会特别好，而且有了一技之长，能得到老师和同学的认可，孩子会更有自信心。在这些收获的基础上，家长可以帮助孩子提炼出足球精神。人一旦有了这种精神，做任何事都是动力，都可以成功。可见，培养兴趣、以趣促志，是养成教育的一种非常有效的方式。

第三节　思维方式

培养孩子的行为习惯是看得到结果的，其背后有比较复杂的心理活动过程。总体上讲，养成教育既包括外在的行为习惯，也包括内在的思想修为，而且外在的行为受内在的修为支配。举手投足、只言片语，彰显的是一个人的内在修为、人文素养。

内在修为是多方面、多因素、多层次的。比如上一节讲到的"四大动力",从家教的角度讲,除了"四大动力"之外,积极的人生态度、科学的思维方式是内在修为的核心,是内在动力与外在行为习惯之间的一个通道,是内在活动与外在行为习惯之间的一个"连接地带"。有了积极的人生态度、科学的思维方式,就能把动力转化为行动,在行动的时候体现习惯,以习惯来促进行动。

积极的人生态度的内容很多,表达方式也很多,本书重点探讨三个方面,即乐观向上、积极主动、助人为乐。科学的思维方式则主要讲三方面,即要事优先、一分为二、循序渐进。

一、乐观向上

乐观向上是一种人生态度、是一种胸怀境界。持之以恒,乐观就会成为一种习惯。乐观与客观条件的好坏关系不大,而是与一个人的心态关系密切。同样的事,乐观者看到的总是积极的一面,悲观者看到的总是消极的一面;乐观者总是想办法去解决困难,悲观者总是找客观原因。现实生活中,同样的半杯水,乐观者说:"我拥有半杯水。"悲观者说:"我只有半杯水,而别人有一满杯。"同样的天气,乐观者认为:"天气很好,很舒心。"悲观者则抱怨:"要么太热,要么太冷。"

乐观者会坚定向上生长的意志,悲观者会消磨意志;乐观者更看重过程,悲观者更看重结果;乐观者无论年纪大小总是朝气蓬勃,而悲观者总是暮气沉沉。朝气蓬勃自然生机无限,暮气沉沉则收敛枯萎。乐观者总是在快乐中生活,悲观者总是在煎熬中度日。

作为家长,自己要有乐观的心态,以自己乐观的心态、乐观的行为感染孩子，让孩子拥有乐观向上的心态。乐观心态可以从以下几个方面培养：第一，要知足。对现在所拥有的一切感到高兴，因为我们拥有了现在的条件，我们才能正常地生活、学习和工作。第二，不要攀比。自己努力就行，不要老看别人的物质条件、家庭条件比自己好。没有攀比就没有伤害，别人家的条件和你没关系。当然，教育孩子向榜样学习，向努力者、优秀者看齐，学习他们身上的优秀品质是应该的。第三，学会感恩。感恩大自然、感恩社会、感恩亲人和老师，是他们给了我们现在的一切。第四，要努力。积极向上的表现形式就是达观和努力，要相信一切都是奋斗得来的，有投入才有回报，有播种才有收获，有努力才有成功。努力是一种向上的心态和行为习惯，是一种成才的方式。第五，遇挫不悲观、不放弃。人生总有挫折，总有这样那样的不如意，总会遇到困难和问题，有什么问题就努力解决什么问题，克服一个困难、渡过一个难关，都是成长的方式，都要乐观面对。只有经历过逆境的人，才能更好地成长、成熟。

二、积极主动

我细心观察在同一个单位工作的人们，发现他们有的积极主动，分内分外的事，只要自己努力做得到、做得好的，都积极主动去做；有的人消极被动，不论是分内还是分外的事，能推就推，要领导压着做，反复催促才会去做。主动者永远推着事走，因而做人做事的主动权掌握在自己的手里，日子总是充满阳光；被动者永远被他人、被事推着走，消极等待、被动应付，因而总是感觉人生很压抑。

我观察小孩后发现，有的孩子只要老师、家长安排的事，马上去完成，会自己操心学习、主动学习，学习的主动权总是掌握在自己手里，经常得到夸奖，充满自信；而有的孩子学习、生活总是拖拖拉拉，要老师和家长督促,才慢吞吞、心不在焉地应付。

从燃烧的角度分类,自然界有三种物质,即不燃型、可燃型和自燃型。根据这种现象,稻盛和夫把人分为三种:第一种是点火也烧不起来的"不燃型"的人,这种人是极少数;第二种是点火就着的"可燃型"的人,这种人占大多数;第三种是自己就能燃烧起来的"自燃型"的人,这种是创新型、领导型的人才。

要想孩子成才,必须把孩子培养成"可燃型"和"自燃型"的人。当然,这就要求家长有点燃孩子心灵的能力,从小就培养孩子积极主动的习惯,让孩子在学习、工作中积极主动地去完成分内的事。当然,小孩积极主动不是天生的,是后天培养的,是家长和老师在陪伴成长、教书育人中慢慢化育出来的。小孩的心思都在吃和玩上,这是天性,不用培养自然就有,家长和老师要做的就是控制孩子的玩性、规范孩子的吃性、提升孩子读书学习的主动性。

要培养孩子积极主动的性格,首先要抓早抓小,孩子越小越好塑型;其次就是要培养孩子的责任、兴趣,让孩子从内心深处生长出积极主动的内生动力;再次是培养孩子的自律能力,使孩子能够自己管理自己,自己规范自己的行为;最后是家长和老师的他律,通过家长和老师的监督、奖励、惩戒来约束孩子。经过长时间的培养和训练,这些习惯就能养成。只要养成积极主动的性格,人生就等于成功了一半,父母就可以放心。这样,孩子自己的事自己会去完成,自己的责任自己会去承担。

三、助人为乐

《礼记·坊记》讲:"君子贵人而贱己,先人而后己。"这句话的意思是君子尊重别人而把自己看得很轻,凡事先考虑别人,最后考虑自己。其实贵人者自贵，也就是尊重他人的人也会尊重自己，帮助他人的人也会得到他人的帮助。当然，做人的底线至少不要损人利己，不要把自己的快乐建立在他人的痛苦之上。至于能助人多少，得看个人的心胸、能力。

人是社会人，每个人都在一定的社会圈子中生活，都在一定的团队中学习、生活和工作。在这个过程中，人与人的情感既是奋斗的动力，也是快乐的源泉。人与人之间之所以有情感，就是因为互相欣赏、看重对方，互相帮助、关爱对方，互相学习、取人之长补己之短。帮助别人是因，收获快乐是果。

"人之为人，不能独存，与人和合，方能活乐。"助人为乐是一种品德，是一种处世之道，也是一种人格力量。要培养孩子助人为乐的品质，还是那句话，要求孩子做到的家长首先要带头做到，给孩子作出表率。很难想象，一个自私的家长能够培养出一个乐于助人的孩子。孩子在学校吃了一点小亏就斤斤计较的家长，你希望他会帮助别人那是不可能的。

我多次参加过学校少代会的选举会议，发现凡是能被选进大队部的孩子，都是德才兼备、学习好、有特长，又乐于为同学们服务的孩子。被选进大队部的孩子，他们要花精力和时间来服务同学，这不但不影响他们的学习，相反助人为乐这种成就感成为他们成长的动力、成长的方式、成功的种子。我调查发现，这些孩子进入社会后，更受欢迎，更能适应社会，更有作为。

培养孩子助人为乐的品质，让孩子学会发自内心地尊重别人，和他人相处时有文明的、得体的语言和举止，而不是停留在口头的、表面的客气。要让孩子听得进他人的意见和建议，能接受别人的批评，特别是老师和家长的批评。在这个世界上，批评一个人，大多数人会很客观、很真实，而表扬一个人则可能是过誉的。接受批评并改正，对被批评者而言是一种帮助，对批评者而言则是一种认可和敬重。因而，能让批评者心安也是助人为乐。要从小事做起，正如古人所言："勿以善小而不为，勿以恶小而为之。"人生大事只是特殊时间点上的少数，生活学习中，大多都是小事、琐事，大事不是人人都能做，而小事只要愿意，人人都能做。故助人为乐是一种观念，首先在心，然后在行。能把助人为乐变成一种修为、一种习惯的人，在任何团队里都是受欢迎的，受欢迎的人没有不成功的，成功的人没有不快乐的。

四、科学思维方式之"要事优先"

社会上的事、家庭的事、人生的事很多，如果事无巨细都要做要管，都均衡发力，那么整个人生都是混乱的，是难有作为的。从哲学的层面讲，事物的发展有主要矛盾和次要矛盾，同一个矛盾有矛盾的主要方面和次要方面。抓主要矛盾就等于抓事物的本质，抓发展的主线。

在家庭教育和家庭管理中，要引入哲学思维。我们把主要矛盾称为要事，要事优先，先把主要的事情做好，然后再考虑其他的事情。要事优先是一种哲学智慧，在家庭教育中，家长和孩子都养成这种思维习惯、行为习惯。一个家庭中，什么是要事呢？当然，孩子的成长是要事。因此，父母要把陪伴孩子、管理孩子作为首要的事情做实做细。然而，我们很多家长都是主次颠倒的，经济条件差的家庭把孩子交给上一辈，长期外出挣钱，使孩子长年累月见不到父母；"成功人士"把大量的精力和时间用来应酬客户，早出晚归，也让孩子经常见不到父母。

孩子成长最大的推力就是父母的教育、化育，而教育、化育需要父母花时间陪伴。只有经常陪伴，才能观察孩子、了解孩子、教育孩子、影响孩子，才能让孩子对父母产生依赖、依恋的情感。这种依赖、依恋的情感，就是父母教育孩子且孩子能接纳的前提。当然，孩子成长的首要问题是健康和学业。健康包括心灵和身体两个方面，学业包括课内和课外两个方面。父母要将考试和素质教育统一起来，在保证孩子健康和学业的前提下，再考虑其他特长的学习。

对于孩子而言，学业是要事，家长和老师当天安排的学习任务，当天完成是要事。孩子形成要事优先的思维和行为习惯，就可以有条不紊地学习和生活，就不会有大的偏差，也不会因为完不成任务而受到老师和家长的责备。

五、科学思维方式之"一分为二"

一分为二是一种辩证的思维方式，其意思就是每一个事物都有两面性。每一个事物都在发展变化，既会顺变，也会逆变，好事也会变成坏事，坏事也会变成好事。更何况对同样一件事，好心态看了是好事，反之，就是坏事。好事中潜藏着坏事，坏事中潜藏着好事，"否极泰来""塞翁失马，焉知非福"，讲的就是一分为二的道理和发展变化的道理。

一分为二的思维方式就是要学会用发展变化的思维看问题，从正反两方面看问题，凡事有所得必有所失，得意时不能张扬，失意时不要悲观。真正成熟的家长，在教育孩子的过程中就是要有一种"风轻云淡"的心态。例如，一个高考得意的孩子，众人羡慕，自己自信，高考结果出来后的很长一段时间内，孩子都处在一片赞美声中，他听到的都是溢美之词。这给人的感觉是一次高考成功就等于一生的飞黄腾达，这会招致一个问题——导致强烈的傲慢心和优越感，这种傲慢心和优越感必然会成为孩子今后发展的绊脚石，会让其栽跟头。相反，经历过高考失意的孩子，有过失败的教训，必然会有一个痛苦的反思过程，但只要从此努力，逆商会更高，在今后的生活中，做人低调，会更有韧劲，也会更加务实，这种韧劲和低调也会成为孩子成功的垫脚石。孩子是属于社会的，优秀的孩子大多在外忙碌，没有时间陪伴、照顾父母，父母的晚年会很孤独；而资质普通的孩子，还有可能常在父母身边工作、生活，经常可以照顾、陪伴父母和家人，一家人享受天伦之乐，生活得更幸福。从事业的角度讲，前者更成功，而从生活的角度看，后者更幸福。

六、科学思维方式之"循序渐进"

循，依照，沿着，遵循；序，次序，顺序。循序渐进，就是按照一定的顺序和步骤逐渐深入和提高。生命（包括动植物）的成长有其自身的规律，其中渐变是规律，突变是特例，渐进式的发展是常态，跨越式的发展是个案。一棵参天大树不历经百年的雨雪风霜岂能长成？所以，家长在孩子养成教育中、成长过程中，一定要遵循规律，要懂得循序渐进既是一种科学的思维方式，也是一种科学的教育方法，要克服焦虑心态，要避免拔苗助长。

"勤学如春起之苗，不见其增，日有所长；辍学如磨刀之石，不见其损，日有所亏。"这句话准确描述了事物变化循序渐进的道理。教育培养孩子就像培育幼苗，家长要精心呵护孩子，帮助孩子养成良好的行为习惯。只要孩子天天坚持学习，按成长规律学习、顺序学习，虽不见其增，但一定日有所长，每天都进步，而知识的积累是点点滴滴累加起来的，是一个量变到质变的过程。在这个过程中，毅力比智力重要。因此，十年寒窗，比拼的是家长和孩子的毅力。人生则是一次长跑，耐力比爆发力重要。当然，在平时拥有耐力的同时，在关键的人生节点上再加点爆发力就更加完美了。作为家长，自己要懂得循序渐进、遵规律顺势而谋的道理，并把这种道理落实在教育、陪伴孩子的日常中，既要有培养孩子成才的愿景，也要有培养孩子的方法步骤。家长既要学会享受陪伴孩子成长的过程，也要学会培养孩子循序渐进的学习方法，围绕学校的教学秩序、教学计划，帮助孩子打牢基础，一步一个脚印地往前走，逐渐积累，不断拓展知识面。

综观当今社会，每一个博士都是经过了小学、中学、大学、研究生长达20余年持之以恒的学习，才成为博士；每一位大国工匠都是几十年如一日一锤一钻地把简单的事做到极致，才练成别人做不到的绝技。

第四节　方法步骤

一、培养孩子的兴趣

养成教育的基本内容，就是要培养孩子良好的行为习惯，而良好行为习惯的养成要有内生动力。内生动力是多方面的，其中兴趣也是内生动力之一。培养孩子的行为习惯，要先从培养孩子的兴趣开始。兴趣是最好的老师，孩子有兴趣，做起来就会主动。那么，怎样培养孩子的兴趣呢？

培养孩子兴趣有"万千法门"，但要根据具体的人、具体的环境，以及孩子不同年龄阶段的身心特点具体研判。兴趣不是天生的，兴趣是在生活、学习中培养出来的，父母要引导孩子对天天反复做的行为产生兴趣。例如，培养孩子早起的习惯，从道理上与孩子讲"一日之计在于晨，一生之计在于勤"的名言警句。早起学习时间多，人也精神，这个道理容易懂，但做起来很难。要培养孩子早起的习惯，有一句话叫作"早起的鸟多得虫子吃"。如果有条件的话，可以带孩子观察早晨鸟找虫子吃的过程。特别是春夏之交，可以让孩子观察小鸟欢叫欢跳找虫子吃的过程，让这种春夏早晨美妙的画面深深地刻在孩子的脑海里，培养孩子对大自然的兴趣，这肯定会成为孩子早起的动力。

兴趣来源于在心理和生理上尝到"甜头"、有愉悦感。据说，犹太人为培养孩子读书的兴趣，在孩子最早接触书的时候，会在书上抹上蜂蜜，让孩子翻书时可以尝到甜头，从而培养孩子读书的兴趣。同样的道理，培养孩子洗脸的习惯，可以用好闻的香皂；培养孩子刷牙的习惯，可以让孩子看洁白牙齿和龋齿对比的照片，可以用趣味牙刷和牙膏。总之，要根据不同年龄阶段孩子的生理、心理特征，找到孩子产生兴趣的"奇点"，让孩子尝到"甜头"，孩子做起来就有动力了。

二、清楚的行为标准

形而上的文化，解决的是思想问题。例如，本书第四章讲的家庭文化建设，就是形而上的精神追求和价值取向，而行为习惯是体现在具体言行上，所以就必须清晰、具体，并有明确的行为标准。标准是对重复性的事物和概念所做的统一规定。学校里有统一的养成教育标准，而家庭养成教育的标准只能家长自己制定，实际上也就是家教家风的具体化。所以，从家教的角度讲，有什么样的家庭就有什么样的家风，有什么样的家风就有什么样的标准，有什么样的标准就有什么样的习惯，有什么样的习惯就有什么样的行为。在我国的传统儒家经典中，《论语》《孟子》都是形而上的思想观念。例如，"学而时习之，不亦说乎？有朋自远方来，不亦乐乎？"这里的"乐"就没有具体的规定，怎么个乐法要自己去实践，也许是"仰天大笑出门去"，也许是"笑不露齿"。另外，《弟子规》《小儿语》对孝的规定就很具体。例如，"出必告，返必面""亲有疾，药先尝，昼夜侍，不离床"，孩子学起来就很简单。当然，任何经典都有时代性、局限性。把经典上的标准与当今时代的特点结合起来灵活应用，这种标准才是具有可操作性的。

制定的标准首先要具体。例如，培养孩子早睡早起的习惯，必须规定几点几分睡觉，几点几分起床，几分钟完成上厕所、刷牙、洗脸，几分钟吃好早点，几点几分出门上学。其次要可行，要符合不同年龄阶段孩子的身心规律、身心特点。例如，同样是培养早睡早起的习惯，小学的孩子必须保证10小时的睡眠时间，而初中的孩子8个小时就可以了。最后要监督执行，随时督促。就是要严格执行标准，要像部队一样进行军事化的管理，有了铁的纪律，违反标准就要受到惩罚。所以，在习惯养成的过程中有要奖惩条款。孩子越小越不容易记住，家长要随时耳提面命，做不到、做不好的要及时批评，让孩子有敬畏感；做得好的要表扬、奖励，让孩子有成就感。

三、要抓小抓细

农民栽树，要让其长成"梨弯"，在小树苗阶段就要根据需要的形状握弯造型。所以民间有句话叫作"从小不握，到大不弯"，以此表达人才培养要从小抓起。孩子越小，身心越柔软，越有可塑性。年龄小的孩子没有固定的观念，还没有养成坏习惯，正如大家常说的孩子是一张白纸，你在上面书写什么就是什么。所以，抓行为习惯要从小抓起，要把大多数的行为习惯在13岁以前养成，坏的行为习惯在13岁以前纠正。13岁以后，孩子进入青春期，一是心理上开始走向自立，开始想自己掌握自己；二是身体上快速成长，身上积累的能量已经可以和父母抗衡，但又处在一知半解的朦胧状态。在这个阶段培养孩子的行为习惯，特别是纠正不良习惯是很难的。大多数人在这个阶段形成的不良习惯，以及和父母的对抗性，要等到读大学或工作后自己心智成熟了，才会进行自我塑形和自我纠错。

除了抓小，还要抓细。在人与人的竞争方面，速度决定成败，而在行为习惯的养成上，细节决定成败，只有细致入微的指导才能培养出好习惯，没有细节的指导就没有儿童教育。因为行为习惯的养成是从无知到知，从不会到会，从点滴到系统的过程，是从被动到主动再到自动的过程。父母身上的行为习惯、希望孩子达到的标准，都是若干代人积淀下来的，要让孩子做到做好，必须进行细致入微、反复多次的指导、示范。抓行为习惯，最初都是从睡觉、吃饭抓起的。例如，生活中小孩吃饭急嘴，总是一上桌看见饭菜就急于抓了吃。在中国传统文化中，要全家人坐好，老祖宗动筷后其他人才能动筷。培养孩子一家人到齐，等长者动筷再动筷的习惯，可以培养孩子的自控力和对长辈的尊敬与爱戴。所以，家长要教会孩子正确使用碗筷，为孩子准备一个小一点的、隔热好的、不易打碎的碗，让孩子学会左手端碗，大拇指扣在碗边上，手掌和其余四指托住碗底；右手用筷，中指放在两筷之间，大拇指、食指、无名指从三个方向握住筷子，往嘴里扒饭时，只能扒一次、两次。民间有"一扒金，二扒银，三扒四扒花子型"的说法，其实扒的次数多了，一是没有风度，二是嘴容不下的饭菜掉在地上造成浪费。

四、反复训练

习惯养成并非一朝一夕，是需要长期、反复训练的。小孩的天性是贪玩，玩高兴了就万事皆忘。小孩的自控力很差，所以要把一件事情做到底很不容易。习惯养成有一个反复和回生的拉锯过程，家长要不怕麻烦，对孩子进行反复的、长期的训练。只有通过反复训练，孩子才能熟悉流程，做得到位，才能形成内在修为，让习惯在实践中自然流露。实践证明，一个行为坚持 21 天可以形成一个初步的习惯，坚持 90 天可以形成一个基本的习惯，坚持一年就会形成一个比较稳定的习惯。在反复训练的过程中，要细致观察，让孩子保持好的行为，即时纠偏，及时奖惩。

五、环境氛围营造

人是环境的产物，环境的刺激会导致大脑的行为反应，因而在培养孩子行为习惯的过程中，环境氛围的营造非常重要。为什么很多好习惯，孩子在学校做得到，回到家就做不到呢？因为家庭的环境氛围没有学校的浓厚。例如读书，孩子在学校是与全班同学一起读，读书是大势所趋，每个学生在这个环境中都不会逆势而行，而在家就自己一个人在读，难免坚持不下去。所以，家长一是要以身作则，自己要有良好的行为习惯，给孩子作出示范和榜样，和孩子一起营造养成良好行为习惯的家庭氛围；二是在孩子读书做作业的过程中，父母要陪伴孩子读书学习，要养成以书为友伴终身的好习惯；三是不能在孩子面前做影响孩子行为习惯的娱乐项目；四是要切断孩子和社会、同学的不良互动，尽量选择与行为习惯好的孩子交往，让孩子学有榜样。

第八章　学业管理　家教轴心

学业，学业，学生的主业。学业是青少年成长的方式，成才的基础。学业管理是家庭教育的轴心。现实生活中，其他管理都是围绕学业管理展开的。九年义务教育的内容是一个人一生的人文底盘，大学、职校的专业教育是一个人选择从事的职业的前提和基础。当今社会，对大多数人而言，学业所处的层次，决定着其未来在社会上的层次和成就。

学业管理是一门技术，需要方法和技巧；学业管理是一门学问，需要家长钻研和学习。学业既是学生的事，也是家长的事。家长需要和孩子一起学习，一起成长。

第一节　读懂学业

一、学业包括义务教育和非义务教育

学业包括义务教育和非义务教育两个部分。现阶段，我国实行的是九年义务教育制度。《中华人民共和国义务教育法》（以下简称《义务教育法》）第二章规定："义务教育是国家统一实施的所有适龄儿童、少年必须接受的教育，是国家必须予以保障的公益性事业，实施义务教育不收学费、杂费，国家建立义务教育经费保障机制，保证义务教育制度实施。"从上述规定可以看出，只要是中华人民共和国的公民，不受经济条件的限制，无论富裕与贫穷，都要接受九年义务教育，享受义务教育是公民的权利。《义务教育法》第十一条规定："凡年满六周岁的儿童，其父母或者其他法定监护人应当送其入学接受并完成义务教育。"对家长或监护人而言，送孩子接受义务教育是一种法律责任，不送孩子接受义务教育是一种违法行为。

对于非义务教育的高中、职业学校、大学，家长和孩子都有自由选择的权利，可以选择读还是不读，也可以选择上此学校或者上彼学校。当然，这是双向选择，学校也有选择的标准和权利。通常，学校在某行政区域内，以省市为单位招生，并根据报考考生的分数择优录取。

二、学业于人生的价值

九年义务教育阶段是启蒙教育，是立德树人、打基础的阶段。国家对九年义务教育有科学的研究和规划，其教学内容包括基本的语言

文字能力、优秀传统文化、思想道德素质、科学技术知识、学习方法和技巧、法律规章规矩、行为习惯养成、人生理想的树立等。只要孩子系统地接受并掌握好九年义务教育的知识思想体系，那么就可以成为一个合格的公民，实现自然人向社会人的转变，具备进入社会的基本素质，懂得做人的基本道理，具备进入更高层次的学校学习的基本知识，成为有理想、有道德、有文化、有纪律的"四有"新人。

中考是对九年义务教育特别是初中教育的一个综合检验。国家实行分层教育，根据中考成绩，允许一部分人进入高中学习，一部分人进入职校学习。当然，还有一部分人由于家庭和个人的原因，直接进入社会。可见，中考是人生的第一道分水岭，它决定着未来的人生走向。

高中教育虽然不是义务教育，但现阶段在我国的普及率已经很高。随着社会的进步，国家实力的增强，未来可能会实行十二年义务教育，即高中也被纳入义务教育阶段。高中教育从教学内容上看还是基础教育，是义务教育和专业教育之间的一个过渡阶段，是为大学教育打基础、分层次选拔人才的教育。高考是人生的第二道分水岭，学生根据高考成绩填报志愿，决定上一本、二本、专科学校，或是进入不了上一级学校，直接进入社会就业谋生。高考的录取学校和专业，决定着孩子未来的专业方向和就业方向。与传统的经验时代截然不同，当今社会是科技时代、知识爆炸的时代，知识更新特别快，要有大的发展并成为专家学者、企业家、政治家，必须考取大学，接受专业的、系统的学习和训练。当然，专科、职校生，甚至高中毕业就直接就业的学生，不排除个别发展得很好，成为高端人才的，但毕竟是少数、个例。因此，我主张，具备条件的孩子，要尽可能上高中，全身心地投入高中的学习，因为高考成绩决定着能否接受较好的专业训练。同时，高中三年的高强度学习，高考过程的紧张、高压，也是对人生毅力、恒商、心理素质的一种磨炼。高中三年除了高考这个结果，最主要的收获是奋斗精神的养成，只要具备了高中三年勇往直前的奋斗精神，在未来的生活、工作中就没有克服不了的困难。

客观地讲，高中三年是人生中最辛苦的三年。凡是纪律严、教学成绩好的学校，实行的都是军事化或半军事化的管理；凡是学习好的孩子，都是有理想、自律能力强、吃苦耐劳、全身心投入的孩子。学习差的原因极少数是智力问题，大多数都是努力不到位、初中基础差、功夫不到家。所以说，若高中三年轻轻松松，是出不了好成绩的。

一个孩子初中毕业是否上高中是其人生的第一次重大选择，做父母的要读懂孩子，因材施教。对于学习好、自律能力强的孩子，必须让其读高中，对于考不上高中的孩子，则可以选择一个好的职校、孩子喜欢的专业让孩子继续学习。这两种情况方向很明确，父母都不会纠结。我在这里想深入探讨的是在高中录取分数线尾巴上的孩子，或者在公办学校录取分数线之下，私立学校交费可以录取的孩子。如果你的孩子在高中录取分数线的尾巴上，是否让孩子读高中就要具体分析了。如果孩子上进心强，初中努力不够，他自己想上高中，自己也下决心努力，那么上高中后提升的空间就会很大，可以不断地往前追，通过三年的努力也可以考取一所好大学；如果孩子的自律能力差，或者自律能力好，初中也很努力了，学习就是上不去，那么最好不要上高中，勉强上了高中跟不上，成绩常常倒数，孩子痛苦，家长也痛苦。这类型的孩子，往往是动手能力强，亲和力好，抽象思维能力差，让其直接去就读专科学校，会读得很好、很快乐，从就业的角度来说也会很好。事实上，我们大多数人认为大学是劳心者，是白领，职校是劳力者，是蓝领；而现实是由于我国大学扩招速度太快，一方面部分大学教学质量不高，另一方面社会吸纳不了那么多"玩电脑"的人，大学毕业后很难就业，就业质量也不高。相反，优秀的职校生，只要专业学得扎实，工作好找，"玩机器"玩得好的也很吃香。最后，我认为尾巴上的白领，不如领头的蓝领，一般"玩电脑"的，不如熟练"玩机器"的。

十年前，我的一个侄子中考分数与高中录取线差两分，交了两万元上了学校自主招生的高中，结果进校是倒数，毕业还是倒数，什么学校也没考取。好在这个孩子身体素质很好，后来选择当兵，发展得还不错。另外，有个孙女也是上高中差几分。这个孩子初中很努力，但考分就是上不去。虽然考试成绩不太好，但这孩子动手能力很强，在任何场所都是脚勤手快的那个。有了之前侄子的经验教训，我们帮她选择了一个医学专科学校。孩子读得很开心，性格很阳光，学习也好，毕业后成了一名优秀的护士。

职业学校和大学是专业教育，专业教育是为就业做技能准备。一般说来，所学的专业方向决定着事业的方向。因此，专业的选择非常重要，选择什么学校、什么专业是个战略问题。父母自然要理性决策，要把社会需求和个人兴趣、个人理想、个人的综合素质结合起来考虑，再作出选择。从家教的角度看，父母要严格管理的是九年义务教育和高中阶段的教育。进入职校和大学后，孩子大多都长大、成熟了，更多的事、更多的决策要让孩子做主，父母只要定期听听汇报，掌握一些基本情况，给孩子提提建议，提醒一下要注意的事项即可。父母要给孩子说清楚的是，进了大学或职校，无论学什么专业，都要努力学习，掌握过硬的技能、做事的本领。这个社会没有差的行业，只有能力差的人，无论什么行业都是金字塔结构，要努力在行业中不断地往上走。不成熟的孩子总是感兴趣的事才努力学习，真正成熟的孩子不管学什么都会努力从中找到兴奋点并培养兴趣。试想，有谁天生就会对什么感兴趣呢？除了食色本能，所有的兴趣都是后天培养出来的。

三、围绕学业的考核方式开展教育

学业的考核方式是教育的指挥棒。考核方式和内容如果不科学，一考定终身，以分数论英雄，难免陷于单一的应试教育，培养出只会背书、唯书的书呆子，结果是误国误民，就像我国封建社会晚期的科举制度。正因为如此，整个社会既重视高考，又担心高考有弊端，故而常常质疑高考的内容、方式。对此，国家也一直在改革和完善高考的内容。不断改革的目的就是要做到考试选拔人才和素质教育相契合。

由于高考规模大，加之全国统一考试影响大、关注度高，家长、学校、社会都把目光聚焦在高考上，聚焦在学生的成绩上。其实，还有比高考更关键的是就业考试。今天的单位用人，包括公务员、教师、医生，以及其他事业人员、国有企业人员，凡进必考，竞争强度更甚高考。因此，我认为要考入单位工作才算真正完成学业，而考试方式则包括笔试、面试、考核、考察，面试则又包括语言表达能力、实际操作能力。

所以，家长要关注高考，但不能局限于高考，要学习研究国家的招录人才的政策，社会对人才的需求，单位用人的考试方式和评价人才的指标体系，并以此来指导孩子的学业，尽可能地把考试成绩和素质教育融为一体，围绕最终就业开展教育，而不是简单地盯住高中段的高考。例如，有的孩子高考成绩很好，大学毕业考公务员的成绩也很好，但面试就是过不了，一上场就说不清问题。正是居于更全面、更长远的思考，从客观上讲要从以下四个大的方面抓学业管理：一是要抓孩子平时的学习生活管理，也就是学校所称的常规管理，要求孩子踏踏实实地读书、写字，认真完成每一次作业，以及老师和家长交代的每一件事。二是研究笔试方式。根据填空、单选、多选、简述、论述、作文、计算、公式推理、公式应用、实验等笔试的特点，培养孩子的问题导向思维。考试考什么知识、学什么知识，考试遇到的问题，过后一定要学通弄懂。三是重视语言表达能力，既要培养孩子写的能力，也要培养孩子说的能力。我从事过多年的公务员面试培训工作，深感关键时刻语言表达的重要性，也深知学会说话，特别是学会系统地说话，完整地表达对一件事、一个问题的看法，是一件不容易的事。两人面谈的一问一答的对话，在学习生活中可以自然形成，而系统地说话则需要专业的训练。四是要注重平时的行为习惯养成，如语言观点传达正能量，人际交往良性互动，亲和健康，举止得体，仪表端庄。如此，在用人单位考察时才能获得好的评价。

第二节　关键环节

一、与师沟通，全面掌控

当今社会，学业教育的主体是学校，孩子大量的时间都在学校度过，家长在孩子的学业管理中最主要的工作是配合学校工作，弥补学校共性教育之不足，补齐孩子学习短板，引导和监督孩子认真学习，完成老师布置的学习任务。要做好学业管理，必须有的放矢，必须理解学校老师的工作，了解孩子在学校的行为表现，全面掌握孩子的思想行为。

要掌握孩子的思想行为有多种渠道，比如在接送孩子时可以进学校去看看，可以和其他的家长沟通和交流，也可以找机会接触孩子班上的小朋友，正所谓童言无忌，他们会说最真实的情况和最真实的想法，而最重要的是要和孩子的老师直接沟通和交流，特别是要和班主任沟通和交流。

在没有手机之前，特别是我们读书的那个时代，很多优秀的老师会进行家访，他们主要是选择家庭比较贫困的孩子，或者是学习不认真的孩子，或者是比较调皮的孩子进行家访。老师会主动和家长沟通、交流，通过了解学生的家庭背景，对学生进行个性化的思想工作和辅导，多给予后进生、家庭困难的学生、单亲家庭的学生特殊的关照。有了手机特别是有了微信之后，很少有老师家访，班主任会建一个班级群，有什么事在群里边通知一下，或者在电话里和家长沟通、交流一下。老师和家长很少见面沟通或交流，除非孩子出了问题需要解决，才会约着面商。这种方式的优点是方便快捷，缺点是这是事务型的浅沟通，不利于家长全面了解孩子在学校的表现，同时也不利于老师了解孩子在家里的情况。

一个成熟的、负责任的家长，除了要做好微信群的事务性沟通之外，还要从以下几方面和老师进行系统的沟通。一是学校以班级名义召开的家长座谈会必须参加，并且要认真准备发言稿，把自己的想法、孩子在家里的表现、请求老师帮助的意见和老师进行交流分享，认真倾听班主任和科任老师通报的班级情况，特别是孩子的成绩和上课时的行为表现、学习风格、同学关系等，倾听其他家长的发言，把自己的方法和其他家长的方法作一个比较，借鉴其他家长一些好的做法和经验。在家长会上，因为时间限制和照顾大家的面子，老师不可能把每一个孩子的情况都讲得到位，所以如果时间允许，家长有必要在会前或会后找老师作一个单独的沟通、交流。二是至少每学期末拜访一次老师，对孩子的学习、纪律、交友等方面作一个全面系统的了解，以便有针对性地制订新学期的学习计划和管理办法，以及知晓假期要弥补的知识短板。三是平时有事和老师电话或微信私聊，不要什么事都拿到群里面去讲。凡是进入群里的东西，就必然要顾及他人的感受，考虑带来的负面影响，老师很难做到把最真实的情况和想法与家长交流。所以，个别的事、私密的事一定要私聊，只有私聊才能更真实、更真诚，才能有效解决问题。

总之，和老师的沟通、交流方式是多种多样的，目的首先是让老师感到师道尊严，因为被尊重的老师才会对孩子更用心；其次是了解孩子，以便采取更有针对性的教育方法；再次是与老师同向，共同教育和发力，以达到预期的教育效果。

二、严格规矩，奖惩有度

"欲造优美之家庭，须立良好之规则；欲出优秀之学子，须有严格之规矩。"规矩就是规定、法则、标准、行为准则。没有规矩，不成方圆，有了规矩，孩子的行为才会规范；有了规范的行为，孩子才能顺利有序地完成学习任务，达到品学兼优的目标。

人的成长是从扣好人生的第一粒扣子开始的，从孩子上小学一年级的第一天起，家长就要给孩子立规矩。按时起床，按时睡觉，不得无故旷课（身体不适除外）；当天的作业当天完成，回家之后做完作业才可以去玩，错题错字必须改正，定时复习；不会做的题、丢分的题、做错的题，必须在学懂弄通的基础上，反复做上几遍。

定规矩，第一，要具体，要简单适用，要让孩子一看就明白，并且知道怎样去做。在实施过程中，根据不同年龄阶段、不同学业阶段进行补充调整。第二，要让孩子参与制定规矩，和孩子商量矩规的内容。孩子自己参与制定的规矩，执行起来更容易，效果会更好。第三，规矩不能只对孩子，在这个过程中家长也要有规矩。家长要明确自己和孩子的责任，以便更好地身教，并且对自己的要求要比对孩子的要求高。例如，规定孩子7点起床，家长要6点30分就起床，要给孩子做一些前期准备，更重要的是起到示范作用。有的家长，孩子7点起床上学，自己8点还在睡觉，孩子会怎么想呢？

定规矩易，实施难，这是全社会的共性。针对孩子的规矩更是如此，因为小孩子玩心重，自律能力差，玩高兴了就会忘记规矩，甚至不计后果。要让孩子真正懂规矩、守规矩，家长要做大量的耐心细致的工作，要进行长期的训练，要有科学、有效的奖惩措施。其实管理最基本最管用的手段，永远都是"胡萝卜加大棒"，即奖励加惩罚，差别在于胡萝卜和大棒的内容不同而已。针对孩子的奖惩内容，分寸感十分重要，奖励不到位，达不到激励的效果；奖得过多，会让孩子骄傲，甚至到轻狂的地步，同样不利于孩子的成长；惩得太轻，隔靴搔痒，不触及灵魂，孩子不长记性；惩罚太重，会伤身心、伤自尊，也不利于孩子的成长。可见，惩罚和奖励孩子是一门大学问，其内容、方法、分寸感十分重要，家长要理性、科学地进行奖励和惩罚。另外，不要在情绪失控的时候惩罚孩子，这时往往会作出伤害孩子的行为。

正所谓，万事开头难，凡事开好头，只要立好规矩，后面的事就顺理成章了。孩子入学之初是个关键的时间节点，因为有新鲜感，孩子有积极性。大多数孩子对入学十分期待和向往，都有好学、学好的跃跃欲试的激动情绪。家长要关注和利用好孩子的这种情绪，要高度重视入学之初的管理，把规矩立在前面。孩子第一次违规一定要执行之前制定好的相应的惩罚，第一次出成绩也要有相应的奖励。孩子从学校回来，会将其在学校的生活学习情况、见闻见解和家长交流，家长要认真倾听，然后告诉孩子怎么看问题，逐渐培养孩子正确的价值观。

对于刚入学的小孩，要把惩罚变成其成长的资本。惩罚的内容要文明，要有利于孩子的身心健康，最好从吃饭、睡觉、劳动三方面进行惩罚，要尽量避免棍棒、恶语，让孩子有尊严地成长。现在的孩子衣食无忧，营养过剩，消化不良，因此孩子有严重违规行为时罚其饿一顿饭，吃一吃饥饿之苦，既可以长记性，也有利于身体健康。我女儿有一次放学后和同学玩到很晚才回家，她回到家后我们已经吃过晚饭，她也不敢提吃饭的事，我们也不说，做完作业就睡觉了。第二天早上天才亮，她就喊："妈妈我饿得很，我爬不起来了。"经此一饿，孩子再也没有晚回家过。例如，对于一般性的错误，罚孩子做家务，让其体会劳动之苦，方知学习重要；作业做不完，考分太低，取消周末的娱乐时间，补齐作业并加码学习。奖励也要恰当，小学三年级前孩子取得好成绩，可以奖励玩具，星期六、星期天可以自由玩耍一天，家长可以陪同去游乐园玩几个项目；初高中阶段，可以在假期带上孩子外出旅游。

要尽可能地从行为上惩罚，从精神上进行奖励，切忌包庇纵容，严格不足，溺爱有余，唠唠叨叨，是也说，不是也说，又烦又不入心，还没有效果。要批评一次有一次的效果，以后就不会再犯同样的错误。

三、学有目标，比有榜样

学习的目的有几个层面：学以致用，学以解惑，学以明理，学以修身。前三个是向外求的学习方向，后一个是向内求的学习方向。学以养身，学以修心，达到对生命的觉悟，实现人的全面发展。向外探究的是外在的世界，探索外在的世界，让人豁然开朗，获得外在的知识，当然就有能力改造这个世界，从而获得事功方面的成就。但这只是学习的一个方向、一个目标，仅此是不够的。向内求，在内心里建立起一个有思想、有情感的精神家园，把外在的知识变成内在的修为，对于人生十分重要。打个比方，一棵大树土地以上部分主干粗大、枝繁叶茂，这是外方向，其在地底下还有一个内在方向，即发达的根系。真正的人才就要像一棵大树，向外发展枝繁叶茂，向内探究根深厚基。其实学习是为了征服世界，同时也是为了征服自己。遗憾的是，我们的教育从老师到家长大多数只关注外在的知识，征服外在的世界，没有把外在的知识转化为内在的修为，所以很多人不快乐。还有一些人不厚道，有学问没修养，只希望别人为他着想，而自己从不为别人着想。这就是忽视向内求这个学习方向，缺乏建立内心精神家园这个目标的结果。

只追求外在事功的表现就是攀比，比如学习时考分没有同学高就焦虑，工作时慢点被提拔就焦虑，工资低一点、慢点加薪就焦虑，一出来工作就要有车有房，好像别人有自己没有就一定低人一等。所以，今天高中、大学阶段的孩子，得抑郁症的越来越多，这与全社会的焦虑密切相关。

所以，家长要注重这两个方向、两个目标的培养，不能只盯着外在的世界、外在的事功，既要盯住孩子的成绩，也要特别关注孩子的内心发展，关注孩子是否在学习中找到乐趣，在读书学习的过程中心灵是否得到生长，是否有替人着想的善良。

在外在方向的培养方面，云南省会泽县的高中学校有的班级很有经验：高中第一学期考完试，老师就要求学生确定两个目标，第一是确定考哪所大学，第二是确定赶超的对象。确定考哪所大学就是要围绕所确定大学的录取分数线去努力；确定赶超对象，就是要以心目中优秀的同学为榜样，形成竞争态势，互相激励，共同提高。第一步是以优秀为榜样，第二步是使自己变得优秀，第三步是让优秀成为一种习惯。

作为家长，首先自己要优秀，要做孩子的榜样。现实生活中，优秀的父母都是孩子的榜样，孩子照样学样。如果父母问题多多，有可能少部分优秀的孩子会把其当作反面教材，孩子反而会优秀，但多数情况会误几代人。这不是遗传，而是生活方式、学习方式、家教家风的一种传承。所以，在孩子成长的过程中，父母必须严格要求自己，塑造孩子心目中的榜样形象。再者，为什么有的家庭的孩子个个优秀？这除了父母的教育和孩子的天资外，还有一个重要的因素，那就是老大的示范引领作用。老大的学习态度、学习方法、学习成绩，会时时激励着弟弟妹妹们。

所以，父母在孩子的奋斗目标确定之后，要给孩子树立学习的榜样，在家庭内部以父母、长兄、长姐为榜样，在学校以优秀的老师、同学为榜样，亲戚朋友圈里有特别优秀的人才，也要让孩子认识、接触，用他们的优秀品质、知识才学来激励孩子。我出生在农村，村子里、学校里都没有大学生，教我们小学、初中的老师大多数是民办教师，以小学、初中毕业生居多，高中生都很少，更不要说大学生了。有一天，有一个搞农业科学的专家到我们学校，老师说这个人是学农学的大学生，我当时很崇拜，跟着看了两百多米才离开，我的大学梦就是那时种下的。

总结一下，学习的目标有两个方面，征服外在世界和内心世界。所以既要从外在方向学，也要从内心深处修；榜样对孩子有示范和激励作用，以榜样为标杆，可以让孩子学有方向、赶有对象，能促使孩子更好、更快地成长。

四、课前预习，带问听课

课前预习，课中专心听讲，课后复习，是学通弄懂课本的基本路径。让孩子养成课前预习的习惯，并长期坚持下去，学业管理就等于成功了一半。课前预习相当于游泳前的热身运动，家长要熟悉孩子的功课表，督促孩子在完成当天的作业后，在睡觉前对第二天的课程进行半个小时的预习，每门课程花上五六分钟的时间，进行一遍快速浏览，如果孩子有兴趣，预习时对新问题产生兴趣感的话，家长也可以和孩子对预习内容作一个简单的探讨。

通过预习，可以取得以下三方面的效果：

第一，知道次日老师上课的内容，在思想上、课本和学习用具上做对应的准备。这样，大脑会自发地进入工作程序，知道哪些是已知的，哪些是未知的；大脑会提前加工处理这些问题，而不是等到上课时才思考，这叫大脑的提前介入。等到老师上课时，孩子就会比较用心，特别是针对自己不知道的知识点，精力就会比较集中，听起课来会更有目的性，能够更好地、更系统地掌握课本上的知识。

第二，可以把自己的兴趣点作拓展性的学习和思考。孩子通过预习，发现自己的兴趣点，听课时还可以和老师、同学的兴趣点、关注点作一个对比。如果老师讲的和自己想的相同，能够满足自己的兴趣，则有"英雄所见略同"的知音感；如果老师讲的和自己想的不相同，课后还可以和老师作一探讨，作更深入的拓展。

第三，可以提前预知课文的重点、难点。在预习的过程中，可以做上记号，在大脑里提前设问，待次日上课时自然会对重点、难点更加关注，在听课时解决疑难问题的效率就会大大提高，就会有豁然开朗的成就感。这种解决疑难问题后释然的心情，是孩子攻克下一个问题的动力。

依据以上三方面的效果，我们可以回过头来再谈谈怎样预习这个问题。

第一，预习就是预先学习，这是粗略性的一个浏览，是对次日的上课内容做一个大体的了解。预习不要求全面系统的学习，不需要占用太多的时间，也不需要全部弄明白，就是要处在一种半知半解、半信半疑的状态。否则，就是替代上课。

第二，预习是为了提前知道不懂的问题，以便孩子在上课时更有针对性，精力更加集中。所以，对于孩子在预习中遇到的问题，家长知道也要装作不知道，让孩子带着问题去课堂上找答案。如果家长给孩子提前讲清楚，上课时，孩子就会有怠慢之心，不认真听课，就会造成预习不但没好处，反而是坏处的结果。

第三，发现问题、产生疑问、刺激兴趣是预习要达到的主要目的。预习就是对敌情的提前侦察，打有把握的仗，就是要发现问题、产生疑问、刺激兴趣。所以，预习要有强烈的目的性，不能简单地走过场。家长在指导、监督孩子预习时，要从这三个方面培养孩子的预习能力，即发现问题知不足、产生疑问激兴趣、认真听课求效果。

五、专心致志，学有效益

坐在同一个教室读书，同样的环境，同一群老师教的学生，为什么有的孩子学得好，有的孩子学得差，我想多数是因为孩子的专心程度不一样。学得好的孩子人在心在，学得差的孩子上课心不在焉，爱讲小话、想其他的问题，关心课堂外的事，外面有什么动静，耳朵立马竖起来听，眼睛看向外面，思维自然不会跟随老师讲解的内容，一些知识点自然就被绕过去了。老师布置作业，同样的题量，有的孩子半小时就能完成，并且质量很高，有的孩子一小时也做不完，并且错题错字很多。究其原因：一是在课堂上没有听好听懂；二是做作业时"磨蹭鬼"在作怪，磨磨蹭蹭，要么咬住笔发呆，半天不写一个字，要么像是屁股上长刺一样坐不住，几分钟就起来上厕所，几分钟就起来找东西吃。两个以上的孩子在一起经常讲小话，表面上看是坐在那儿做一个小时的作业，其实心思用在作业上的时间不到半个小时；有效学习时间少，学习效率自然低。

当今社会是一个竞争激烈的社会，很多老师说细节决定成败，我认为是细节和速度共同决定成败。学习掌握知识的速度决定你的竞争能力，而速度的背后就是你对待学习的专心程度，以及精力、时间、思维的聚焦程度。据说，有人问慧海禅师："禅师，你可有什么与众不同的地方吗？"慧海答道："有，我感觉我饿了就吃饭，感觉疲倦了就睡觉。"问者说："这算什么与众不同的地方，每个人都是这样的，有什么区别吗？"慧海答："当然是不一样的，他们吃饭时总是想着别的事情，不专心吃饭；他们睡觉时也是想着其他的事情，睡不安稳，而我吃饭就吃饭，什么也不想，睡觉就睡觉，什么都不想，所以睡得安稳，这就是我与众不同的地方。"这个故事告诉我们一个深刻的道理："心无旁骛，专心致志"。

人的心绪是瞬间发生变化的，一个念头接着一个念头，就像水流一样永不停息，要通过长期的训练才能排除杂念，一门精进，把心思集中在一个点上，做到吃饭就是吃饭，睡觉就是睡觉，听课就一门心思听课，思想跟着老师的教学内容走，做作业就是做作业，思想跟着题目走。如果达到这个境界，人就会进入到一种"创作状态"，学习效果就会很好。

那么，家长应该怎样培养孩子专心致志的好习惯呢？

一是要给孩子创造一个安静的、能独处的学习环境。人是环境动物，特别是小孩对世界充满了好奇，一旦受到外界刺激，孩子作为一个能动的人，思想和行动上都一定会有所反应。所以不安静的环境，随时有声音和画面传入的环境，必然会影响孩子集中精力。所以，家长有必要给孩子布置一个安静的书房，隔开外界环境对孩子的影响，创造一个没有噪声，没有外在因素的干扰，没有电子产品，只有书，只有励志格言悬挂的环境，从客观上、从环境上创造让孩子专心学习、专心做作业的条件。

二是教会孩子自己约束自己，形成专心致志的习惯。坐下来学习时先进行一分钟的深呼吸，排除杂念，大声地说两三次"我要专心学习，专心做作业"，上课时则在心中默念，作为自我明示的安心之法。这是精力集中的第一步。

三是纪律约束。规定孩子在做作业的过程中，一小时只能起来一次或者两次，超过就要惩罚，多起来一次，吃完饭罚洗碗。在做作业期间，不许吃零食，不许讲小话，不许看与作业无关的书籍，必须在规定的时间内完成作业，超时扣减游玩时间。

四是竞争促进专心。超越他人是大多数人都具有的心态。我有一对双胞胎的侄孙子，他们做作业时常讲小话，互相嬉戏，磨磨蹭蹭，学习效率非常低，在班上学习成绩中下。假期时，这两个孩子被送到我们家学习，由我看管他们做作业。我认真观察后看到了孩子身上的不足，找到了他们做作业时的问题所在。我就规定做作业时不准讲小话，半个小时才能起来休息5分钟，谁先做完作业就奖励一个小玩具，做好之后互相检查，谁发现对方一个问题就奖励一个小玩具，做错题的扣发一个小玩具，错误部分重做3遍。结果一个假期下来，两个孩子的作业质量又好、速度又快，你追我赶，互相竞争。开学后，两个孩子由后进生变成了先进生，老师都觉得不可思议。其实，我就是通过鼓励孩子竞争，让他们养成精力集中、专心学习的好习惯。

五是给予适当的压力。压力能够让人精力集中，压力可以更好地开发人的潜质。有老师做过试验，一个班上，同时安排两个小组背诵一篇短文，老师对其中一个小组说你们抓紧背，半个小时后老师来抽查；而对另一个小组，只要求背，没有说要抽查。结果半个小时后，说要抽查的小组高达80%的学生都能原文背诵，而没有说抽查的小组80%的学生只能背个大概，只有20%的学生能原文背诵。我有一个朋友，丈夫早逝，一个人带孩子，平时对孩子说教，孩子总是爱听不听的，孩子学习成绩中等，做作业很慢，时有错误。有一天，这个妈妈要外出，于是委托孩子的叔叔代管孩子。孩子的叔叔是个很严厉的人，看到孩子的作业、试卷错误很多，多处扣分，加之孩子做作业磨磨蹭蹭的，他板下脸，把皮带抽出来摆在孩子面前，对孩子说："两个小时做不完这套卷子，我就抽你。"结果小孩一个半小时就把试卷做完了，并且全对。可见，人有很多潜力没有被挖掘出来，皆因压力不够。只要方法得当，压力会变成动力。适度的压力，可以让人精力集中、心志专一，学习效率就出来了。

六、知错纠错，错一不二

是人都会犯错，人在工作中会犯错，在生活中会犯错，差别在于有些人错一次就会吸取教训，从中找到解决问题的办法，下次会做得更好，同样的错误，不会出现第二次；有些人不长记性，不会分析原因，不会总结经验，不会吸取教训，会被同一个石头绊倒两次。

孩子读书学习犯错是再自然不过的事，再优秀的孩子都有犯错的时候。学习中也好，生活中也罢，孩子都会犯错，关键是家长要学会容错、纠错。犯错、知错、改错、少犯错，这就是孩子成长的路径。

从家长的角度看，检查孩子的作业、试卷，知道孩子的错题、知识误区、短板，才能有的放矢地进行监督和引导。所以，作为一个负责任的家长，每天都要检查孩子的作业，特别要和孩子一起检查老师批改后的作业和试卷。好家长既要问结果，更要问过程，要知道孩子的考分，更要知道孩子做错、考错的地方，要有效地监督和引导孩子，不能放过任何一个细节。孩子知道错误的地方，知道错误的原因，然后，通过学习，把错题学会，把错的地方改正过来，并且反复地做几遍，牢牢记住，以后在做作业和考试时再遇到自然不会再犯错。

如果学生将老师辛辛苦苦批改的作业带回家后一丢了之，自己不看，家长也不看，那老师的辛苦劳动就打水漂了，而吃亏的最终是学生自己。不闻不问不看，自然不知道错在哪里，下次考试再遇到此问题依然会出错。这样的学习方法和态度自然不会有长进，也考不出高分来。所以知错、改错、不再犯错，是学业管理的关键环节。要考高分，必须不断地消灭错误，在考试之前，在平时的作业、平时的测验中，每消灭一个错，在升学考试中就多一分，就多几分胜算。

知猎、改错，首先要端正态度，其次要讲究方法。

第一，每一科都要准备三个本子，一个作业本、一个笔记本、一个错题本。作业本自然是做作业，笔记本是用来记录课堂上教师讲的要点、平时读书的摘要、自己学习的心得，错题本自然是整理改正错题的本子。这三个本子用好了、消化了，学习自然就好了。

第二，错题本要记录三个方面的内容。一是错题整理，一类是作业和考试中出现的错误，包括写作文时出现的错别字和错误语法；另一类是考试和课外练习中遇到的自己不会的做错的题。初中时，我的语文老师是班主任，他很负责，也很有方法，每一篇作文批改下来以后，他都要求我们在作文后面做一个错字表，将错别字以表格的形式前错后正列举出来，要求我们在下次交作文时一起交上去检查。三年初中坚持下来，常用的字，我们都记住了。二是记录老师的批语，弄清楚错误的地方、错误的原因、错误的环节。特别是初高中的数学计算题，一般来说，不可能全错，只会错在某个公式或某个计算环节，进而导致整题错误或者部分错误。一般说来，出错有以下几种情况：概念没有搞清楚，内容记不全，公式没记住，技能不过关，方法掌握不到位。如果把错题的原因排查清楚，下次再遇到此类问题，再犯错的概率就会很小。所以，分析清楚出错的原因，是改正错题的前提，是知其然和知其所以然的差别。三是演练出正确的答案。在这里，要注意通过自己的思考和翻阅参考资料，以及请教家长、老师、同学，学懂弄通错题，做到真懂真会做，再写在错题本上，而不是简单地把结果抄在错题本上。

第三，要持之以恒。万事开头难，持之以恒更难，整理错题本也是如此。当然，整理错题很麻烦，但它比做作业本身更重要，比考试本身更重要，或者说它是做作业、考试的一个延伸。通过整理错题这种方式，对难题进行反复研究，其实是一种更深层次的学习，是对作业和考试的一个总结和提升。只要持之以恒，形成一种习惯，学习效果会非常明显。

第四，要定期不定期地进行回放。整理错题本的过程是知错、纠错的过程，但不是一次整理一次改错就能全部理解和记住，要定期进行翻阅复习。特别是考试前对一些难度大的错题、记忆模糊的题型进行回放复习，十分有利于避免在正式考试时出错，对于提升成绩非常有帮助。

七、厚书读薄，薄书读厚

上课听讲、记录记忆、作业考试，是学习的基本形式。要出好成绩，既要用功，也要得法。

读书既不是背书，也不是抄书。背书、抄书是死读书、读死书，是书呆子的读法。读书是读基础知识、重点、难点、精神和思想。当然，教育是循序渐进的、分层分阶段的，小学的重点是基础，初中、高中除了基础，多了一些重点、难点，大学更重要的是精神和思想。一本书就是一个成体系的知识构架，这个知识构架有脉络和主线，有思想统领。

书本很厚，试卷很薄，这个常识人人都知道。在知道的前提下，问一问书为什么厚，试卷为什么薄，也许能够找到更好的学习方法。

一本教材，一般说来是一个学期的学习内容。专家们在编制教材时，要考虑构建一个相对完整的知识体系，要根据学科特点，以及学习对象的年龄阶段、学习理解能力作深入的解释。同时，作为一个相对独立的知识体系，教材还要和整门课的前后衔接。为了将知识系统、有效地传授给学生，课本均会有一个指导思想连接起所有的知识点，而为了把所有的知识点讲清楚，就要做一些铺垫。例如，有一个数学公式，就要把数学公式摆出来。为了证明公式的科学性、合理性，就要把公式是怎么得出来的作一个推导，推导的每一步都要有理有据，这样学生才能理解。只有理解还不够，还要应用，所以还要列举一些例题来训练学生对公式的应用。学生学到一定程度的时候，还要做综合题。综合题就是多公式、多原理的应用。例如，几何考试既要用到圆的公式定理，也用到三角函数的公式定理。所以说课本要很厚，不厚讲不清所要讲的知识，不厚不够一个学期学习。

而考试只是1~2个小时的大作业，两个小时之内完成的内容与一个学期的学习内容相比，自然很薄，但其思想精神、知识构架是涵盖了整本课本。一张试卷涵盖了基础知识、重点、难点、课本知识的拓展应用，是一本厚书的浓缩，会考试的学生，必然是能把厚书读薄的学生。

怎样把厚书读薄，笔记怎么记？

读书的三个环节是理解、记忆、运用。在上课时要专心听讲，通过老师的讲授理解课本上的内容，只有理解了的知识才能长久记忆，如果不理解，只是死记硬背，容易忘记，并且在考试的时候不会灵活应用，换一种方式就答不出来；理解后记住的知识，应用起来就会灵活、得心应手。所以，上课专心听讲，跟着老师的思路和节奏走非常重要。为了帮助理解和记忆，要学会记笔记。笔记是学习的"思路图"，通过笔记可以厘清知识构架，厘清自己的思维。记笔记是记要点、记重要内容、记典型案例、记在课堂上没有弄懂的知识点，特别要记课本上没有的、老师拓展的知识点。切忌把笔记本变成录音机，什么都记，结果不但复习不好用，还影响听课质量。

为了听好课，不影响课堂效率，记笔记时必须是略记、快速记。课后及时认真整理笔记，在整理笔记的过程中把重点、要点整理出来，把思想构架、知识体系做成图表，对基本知识、重点、难点进行归纳总结，提炼出自己的观点，最后把教材上的知识点压缩在笔记本上，用点、线、图表把整本书的内容串联起来。这样，既便于记忆，也便于拓展。通过听课、理解、整理、归纳，形成"思路图"式的笔记，就是把厚书读薄了。

怎样把薄书读厚，应用好笔记？

整理笔记的过程，其实就是一个反复学习的过程，理解的过程，归纳提升、加强记忆的过程，也是把厚书读薄的过程。但是要娴熟应用，在考试时得心应手，仅此还不够。所以，既要把笔记变成书本，变成考试的法宝，还要把薄书读厚，围绕笔记本，以点、线、图表知识为主线、骨架拓展开来，把整本书的知识串联起来。这就要求孩子不但要记笔记、整理笔记，还要应用好笔记。

要应用好笔记必须做到以下三点：一是整理出来的笔记要科学，要建立起一个能体现课本的简明的知识体系；二是自己整理出来的笔记自己要理解，要有自己的思想观点，要达到提升和总结的目的；三是要反复研读，只有反复研读，才能理解记忆。只有在平时的周测、月考中灵活应用，补充完善，总结提升，拓展创新，才能在最后的升学考试中水到渠成、马到成功。

八、破解难题，追求优秀

在班上，成绩中等以上的学生，对于基础知识、基本知识都是掌握的，其分值的差距就在于难题上。只要研究老师批改后的试卷就会发现，被扣分的情况不外乎以下四种：一是基础知识掌握得不牢，丢分丢在常识上，这是成绩中等以下的学生常犯的错误。二是对于个别难度比较大的问题没有学懂而丢分。三是在综合知识的运用上丢分。一个大题是多点位、多方面知识的组合应用，结果组合应用不到位易丢分。四是在需要个人发挥、总结、提升并形成自己的思想观点的题目上丢分，即由于阅读量不够，知识贮备不足，没有形成自己的思想，缺乏总结、提升、创新的能力而丢分。这类丢分多体现在综合题型上，特别是作文上。

屡败屡战、愈挫愈坚、问题导向、知难而进等都是面对困难和问题时不服输、勇敢面对的积极态度。在生活、工作中总会面临这样那样的困难和问题，面对困难和问题时两种人的态度是：一种是被困难吓倒，做生活中的弱者；另一种是生活的强者，以问题为导向，有什么问题就解决什么问题。每解决一个问题，人的能力和素质就前进一步，久而久之，人的境界和层次就提高了。

小孩读书也是如此，在学习中总会遇到学不懂的知识点、不会做的试题，这些都是学习道路上的拦路虎。如果知难怕难，面对难点有畏惧心理，搬不掉拦路虎，那么问题永远存在，考分也不会高，人也不会进步，成人后对工作和生活也会是被动和消极的，所以从小就要培养孩子积极、勇敢的心态，让孩子学会攻坚克难。

那么，怎样才能做到攻坚克难，变得优秀呢？

第一，要克服畏难情绪，知难克难。所谓难题，其实不是题难，而是自己没有搞懂，因为专家们在编写教材时考虑过每一个内容的难度系数，它们都是相应阶段的孩子通过努力可以理解的知识，差别在于一般的内容比较简单，而难度大一点的则需要多花些时间、多动动脑筋。正所谓难者不会，会者不难，难是因为自己的努力不够，身懒动手少，心懒思考不到位，缺乏深度和宽度。所以，首先要克服畏难情绪，树立面对困难问题、面对难题错题的信心和决心。

第二，注重平时的点滴积累，打牢基础。在这个世界上，有少数天才是顿悟，但他们也是在顿悟之前经历了一个苦苦寻求的过程。对大多数人而言，学习的过程是渐悟的过程，知识都是由点点滴滴积累起来的，核心是天天都要学习，天天都要进步，学什么都要学懂弄通，并且要长期坚持，正所谓"积土成山，风雨兴焉；积水成渊，蛟龙生焉；积善成德，而神明自得，圣心备焉""千里之行，始于足下""九层之台，起于累土"。国学大师王国维将做学问分为三个境界："昨夜西风凋碧树，独上高楼，望尽天涯路"，此第一境也；"衣带渐宽终不悔，为伊消得人憔悴"，此第二境也；"众里寻他千百度，蓦然回首，那人却在灯火阑珊处"，此第三境也。其所表达的意思就是，第一阶段混沌迷茫，苦苦寻求方向；第二阶段上下求索，坚持不放弃；第三阶段豁然开朗，终于明了顿悟。

从家庭教育的角度出发，一定要高度重视孩子平时的学习，注重点滴积累，将阅读、书写、作业、纠错等每一个环节、每一个细节抓扎实。专家讲，没有细节就没有家教，平时的阅读、作业细节到位，基础打牢，一方面是具备了前行的基础，另一方面在考试时不会出现常识性丢分的情况。

第三，要掌握有难度系数的知识点。难点就是重点，克难就是奋进。在学习过程中，有些知识点难度系数确实大一些。例如，语文课上的古汉语，数学课上比较抽象的公式，物理课上的电流原理，化学课上的有机分子式等，相对来说就比较抽象，不仅难以理解，也难以记住。对孩子而言，他们易于掌握的是形象思维、形象记忆，而难度系数大的知识点大多是具象背后抽象出来的道理、公理、公式。所以，在培养孩子学习习惯的过程中，特别是在思考问题的过程中，要高度重视培养孩子的抽象思维能力。当然，培养孩子的抽象思维能力，没有什么捷径，也就一个"勤"字，即勤读、博览群书，勤写、多动笔，勤想、多思考。为便于孩子理解，老师和家长要学会从具体到抽象，从抽象到具体，要把知识点的推理过程、过渡步骤讲透讲细，将抽象的公式、公理和具体的例子、具体的现象结合起来讲清楚，这样才能让孩子既能看到象，又能想象得出象背后的理。一旦理解了，孩子就会产生浓厚的兴趣，就会有深入探究的欲望和行动。

第四，培养综合思维能力。学以致用，学知识最终是为了应用在实际生活和工作中。要成就一件事，不是一知一果，而是多知一果。综合应用题，就是实际应用的一种模拟，是多点知识组合运用得出一个结果。

在现实生活中，创新有两种方式：一种是深度创新，一种是组合创新。其实从学生求知的角度讲，求解单一的难题，就是深度创新，而综合应用题就是组合创新。综合题是一个学科多知识点的综合应用，需要的是综合思维能力。所以，这类问题要分析题目涉及和涵盖的分类问题背后的知识点及其相互之间的关系，要解决分类问题所要用到的知识点，以及这些知识点的应用和处理。只有拥有把问题、知识点分析清楚、统筹好、应用好的能力，才能把试题做好。故而，综合思维能力是考高分的重要思维方式、重要能力之一，也是孩子走入社会后的工作能力之一。

第五，把知识转化为能力。创新是社会进步的根本动力，也是个人必备的素质。发明、发现都是创新，但能发明、发现的人少之又少。

对大多数人而言，把知识转化为能力其实也就是创新。知识是外在的，是对外在世界的认识；能力是内在的，是对知识的灵活应用。因此，在学习的过程中，不能食古不化、食书不化。书本是死的，知识是死的，人是活的，人的能力是活的，所以在学习运用知识的过程中要学会结合实际，学会变通，学会灵活应用，学会总结提升，要有知识，更要有运用知识的能力、提升总结的能力，以及根据已知条件解决问题的能力。有了这些能力，在考试的过程中，特别是在关键的高考中，再难的问题也可以迎刃而解。

九、"反刍"消化，融会贯通

牛、骆驼、羊驼、长颈鹿等一些草食动物，有一种特殊的生理现象——反刍。因此，这些动物也称为反刍动物。反刍动物遇食物时，例如树叶、青草等，先囫囵地快速吞下，过一段时间后，特别是晚上休息的时候，就把先前吞进胃里储存的没有消化的食物——主要是粗纤维返回到嘴里再次咀嚼。这就是反刍动物特有的本领。

反刍动物这种反复咀嚼的方式，给我们的启示就是我们在学习知识的过程中也要学会反刍，要把学过的知识反复咀嚼，直至消化为止。

老师按照教学计划、按照自己的节奏上课，必须完成计划好的每节课的教学任务。在这个过程中，有部分学生能全部听懂，有部分学生只能听懂一部分。这个听课的过程就是"囫囵吞食"的过程，有人理解得很好，也有人不是很理解。因此，学生在听课的过程中得把老师讲授的知识先接收下来，要么装在脑袋里，要么记在笔记本上，课后再进行"反刍"，把这些知识从脑袋里、从书本中、从笔记本中拿出来进行反复咀嚼，直至消化，直至融会贯通。

课本上的知识是课本的，老师讲的知识是老师的，就连自己记在笔记本上的知识，如果理解不到位、不复习，也是笔记本的；只有反复地咀嚼和消化，从中吸取营养，在考试时才能做得出来，在应用时才会得心应手，这才是自己的。所以，好学生要吃回头草，要定期、有计划地复习之前学习的知识，这种频频回头可以促你行稳致远。

第一，要及时回过头来消化课堂上没有听懂、没有理解的难点。

在课堂上，因为老师的节奏太快，或者是自己开小差，有部分知识没有掌握，有疑难问题，都是比较正常的现象，关键是课后要通过请教老师、请教同学、查阅参考资料等方式把问题消化掉。千万不要积累问题，只有把问题消化了，问题才不是问题，积累下来的问题就是前行道路上的拦路虎。如果课堂上没有听懂，课后又不回头学习，问题越积越多，首先解决起来难度很大，等于是自己给自己增加负担，负重前行；其次必然会影响考试成绩，考试考不好，久而久之就会产生自卑心理；最后要将所学知识整理成一个连贯的体系，因为前面的知识对后面的知识是有支撑作用的，前面的基础不牢，对后面知识的学习和理解就是一种路障。因此，要及时回头把疑难问题解决好，这既是端正的学习态度，也是提高学习效率的方法。

第二，定期回头复习才能记住记牢。

每个人的记忆都是有限的，过目不忘的人是少数，大多数人的记忆靠的是反复的阅读、书写，所以说记不住就一个原因——功夫不到家。一是要有计划、定期地回过头来系统地复习前面学过的知识。例如，初二要复习和巩固初一的知识，初三要复习和巩固初二的知识，高中要复习和巩固初中的知识。如果基础比较扎实，可以选择重点复习、笔记复习、错题复习；如果基础比较差，则要利用假期对课本进行全面复习。我在这方面有切身的体会：由于初中在附设初中班度过，基础比较差，高中时跟不上，特别是数学，第一个学期考了个全班倒数第二名，后来我利用假期把初中数学重新学了一遍，到高二时（当时的高中只读两年），一个晚自习就可以复习一册初中数学，其中的定理、公式、例题真正做到了烂熟于心，结果高考时数学考了94分的高分，取得了全校正数第二的好成绩。二是在做题和考试的过程中，遇到不理解的知识点、记不住的知识点，要有目的地点对点进行查阅复习。这样，最多两三次就可以做到终生不忘，至少在高考中不会忘记。

第三，理解并记住的知识才能做到融会贯通、灵活应用。

记住不等于理解。记住但不理解，考试时很难考好，因为出题者会把知识点作些变化，"转个弯弯，设点陷阱"，记不住者肯定是做不出来，而记住但不理解者只会原原本本地抄书，也很难做出来，只有理解并记住之后，才能适应题型的变化。回过头来复习过去的知识，不仅仅是为了记忆，也是为了更有宽度和深度地理解。

回头复习可以加深对知识点的理解。理解一个问题既有宽度也有深度，按照王阳明知行合一的观点，达到用得好的程度才是真正的理解。另外，有些问题的理解需要丰富的知识、丰富的阅历。例如，同样是《静夜思》——"床前明月光，疑是地上霜。举头望明月，低头思故乡"这首诗，学生时代的理解更多的是偏重于外景，而长大后外出谋生的游子在理解上则更多的是偏重于心境。初学时是仰视，学后回过头来温习前面的知识是俯视，理解起来更容易，理解之后对后面的学习更有帮助。

回头复习可以让头脑中的知识系统化，运用起来更加灵活。在学习的过程中，要注重在头脑中串联知识，用一根主线把知识点串连起来并融会贯通，在考试时自然可以做到信手拈来、得心应手。

十、把握关键，报好志愿

有一种观点认为，考试考孩子，报志愿考家长。的确，志愿大多数是家长和孩子一起商量填报的。因此，家长的远见卓识，对大学的了解，对填报志愿相关知识的把握十分重要。

孩子十年寒窗，高考结束，根据自己的考分位次，选择一所自己心仪的大学和一个心仪的专业，既是人生的战略方向问题，也是每个家长和孩子都十分纠结的事——报高了录不到，报低了浪费考分。

报志愿是人生的重大战略决策，必须高度重视。"人生的道路虽然漫长，然而紧要处常常只有几步"，填报好高考志愿，无疑是人生最紧要处的"几步"之一。选择什么样的大学和专业有可能是影响孩子一生的大事。

从具体填报的方法来讲，填报志愿是一项专业性很强的技术活，有许多的方法和步骤需要学习和掌握。

（1）填报志愿的原则。首先是要认识自己、定位自己。高考录取人数，是以省为单位分配录取指标的，所以家长和学生必须通过查阅数据平台，根据自己的分数以及在全省考生中所处的位次，精准地确定自己可以报考学校的档次。其次是定向，也就是根据自己偏好的理想、人生目标、事业方向来确定学校和专业方向。

（2）填报志愿的基本思路。一是确定专业方向并选择学校。如果家长和孩子对专业有明确的要求，就可以选择几个比较心仪的专业，综合评估选择拟报考的专业后，根据自己的成绩来确定相应档次的学校。专业选择要有多因一果的思维方式，既要考虑自己的兴趣特点，也要从社会需求、就业率的高低等客观方面来考虑，把主观和客观结合起来，毕竟读大学的首要目的是更好地就业。同时，要详细了解专业内涵、专业培养目标、主要课程设置等专业特点，因为有些专业很相似，而从事的岗位差异很大。例如，口腔医学授予的是医学学位，可以当医生，而口腔医学技术授予的是理学学位，从事的是义齿设计制作，不能当医生，只能给医生提供口腔材料。二是确定学校再来选择专业。若家长和考生比较看重学校的档次、地域这两大因素，分数也达到目标学校的位次，则可以先确定几所目标学校，然后再从目标学校内选择心仪的专业。先学校后专业的思路，是通过浏览高校网站，参加招生咨询会，电话咨询，阅读《招生章程》，请教专家、老师等方式，了解高校的综合实力、学科优势、专业设置、升学就业、学费标准、入学后转专业和修双学位等信息。因此，家长和孩子可以在此基础上结合孩子的兴趣、偏好选择专业。三是兼顾学校和专业。在对自己考分位次、喜欢的学校、专业全面考虑的基础上，寻找院校和专业的平衡点，既考虑学校的品牌又考虑专业的适合性，再加上自己的分数位次确定专业和学校。例如，喜欢"小学教育"专业的学生，如果分数足够，可以填报层次高一点的师范类学校；如果分数低一点，则可以选择非师范类学校的"小学教育"师范类专业。

（3）填报志愿的简单流程：

一是了解自己。精准分析自己的兴趣、偏好、能力、性格特质、适应性，特别是分数的位次。

二是了解社会。了解国家战略布局、发展方向、新兴产业，特别是五年一次的国民经济和社会发展规划。从2035年远景目标看，大数据、物联网、人工智能等是发展方向，新一代信息技术、半导体、数控机床、机器人、航空航天、新材料、新能源等是未来最具潜力的发展方向。

三是了解大学。了解全国3000多所大学的层次、地域分布、专业设置、近两年的录取分数、录取学生的最低位次、收费标准、就业情况等。

四是了解专业。了解专业设置、学科门类、课程设置、就业方向、就业率等。

五是了解地域文化。了解学校所在地的行政区域、自然地理区位、环境气候、历史沿革、文化底蕴、生活习惯等。

六是了解高考录取规则。比如，高考政策、招生计划、录取规划、选科要求、特殊条件、往年数据等。

家长和孩子可以根据以上六个方面的考量初步选定学校和专业，然后对选定的学校和专业进行精心排序，将最喜欢、最有可能被录取的学校和专业放在第一志愿，其他的按平行志愿的原则，依次进行填报。如果当年志在必走，要采取拉开梯度、冷热搭配、服从调剂的方式填报志愿。

第三节　激励方法

《中华人民共和国家庭教育促进法》第十七条明确规定：

> 未成年人的父母或其他监护人实施家庭教育，应当关注未成年人的生理、心理、智力发展状况，尊重其参与相关家庭事务和发表意见的权利，合理运用以下方式方法：
>
> （一）亲自养育，加强亲子陪伴；
>
> （二）共同参与，发挥父母双方的作用；

（三）相机而教，寓教于日常生活之中；

（四）潜移默化，言传与身教相结合；

（五）严慈相济，关心爱护与严格要求并重；

（六）尊重差异，根据年龄和个性特点进行科学引导；

（七）平等交流，予以尊重、理解和鼓励；

（八）相互促进，父母与子女共同成长；

（九）其他有益于未成年人全面发展、健康成长的方式方法。

教育孩子的方式方法多种多样，但是否有用、效果如何要在实践中检验，因为家庭和孩子都有个体差异，从法律的角度只能是做一些原则性的、共性的规定。在具体实践中，要因材施教。所以，也可以说没有最好的方法，只有更合适的方法。其实，以上几种方法在前面的章节里都有所论述，本章节主要从激励孩子学习的具体方法上作一些探讨，也就是其他有益于未成年人全面发展、健康成长的方式方法。

一、正面说理法

会说话、会听话是人区别于其他动物的基本特征，但怎样说话、说话的效果如何，则千差万别，因为人与人之间的交流既是一门科学，也是一门艺术。说好话，说话起作用，对子女有较好的教育启发作用，是知识、阅历、方法等综合素质的体现。

激励孩子学习的方法最常用的就是正面说理、正面教育。凡事都有象、有理，乃至有道。人人都要读书是当今中国社会的普遍现象，这个现象大人、孩子都看得见、都懂，但这种象背后的理，即为什么要读书、怎样才能读好书，孩子未必懂，大人也未必懂，懂了也未必说得清楚。家长要把为什么要读书、读书的目的和意义给孩子讲清楚，要教给孩子读书学习的方法和技巧,自然是需要系统地学习和思考。

首先,读书可以明理。明白宇宙自然运行的规律,明白人类社会发展的规律,明白事物发展的内在机理,解决人在自然社会面前的种种困惑,活得明白,活得通透。

其次,读书可以开智。读书可以开发人的智慧,让人从蒙昧到聪明,从自然人转化为社会人,从"人科动物"转化为"人文之人"。

最后,实现人的全面发展。读书可以立志舒志,读书可以了解自然、了解社会、了解自己,对自我在社会和自然中有一个明确的定位,把自我和自然和社会结合起来,围绕国家、民族的发展方向和目标、发展阶段,确定人生的志向,并通过进一步的学习和奋斗,掌握做人做事的知识、方法、技能,实现自己的志向,以此体现人生的价值和意义。

从以上三个方面给孩子正面地讲清楚读书的目的和意义,我认为是非常必要的。但这些道理就这样理论化地给孩子讲,特别是给低幼龄的孩子讲,效果肯定是不好的,因为孩子的理解能力还达不到这种高度。这就需要结合孩子的年龄、生活实际、看得见的自然现象进行细化比喻,以例子说理。例如,第一个问题是知道宇宙自然的运行规律,可以结合日出日落讲清楚我们眼睛看到的象,即太阳围绕地球转的象和真正的地球围绕太阳转的自然规律作对比性的讲解,以此延伸出对宇宙和自然的认识,从而进一步讲清楚只有读书才能更多更好地了解宇宙和自然的知识,进而激发孩子读书学习的兴趣。在讲立志时,既可以用历史上的伟人、名人教育孩子,例如周恩来从小立志"为中华之崛起而读书",也可以用身边对社会对家庭有作为的人物、英雄来教育孩子,让孩子懂道理的同时,又有实实在在的人物作为榜样和标杆。

以事例展开讲道理，既是激励孩子读书的有效法门，又可以把道理寓于事例当中，让孩子好理解又好记忆，做到理和象的统一。

现实生活中，部分家长容易犯三方面的错误：一是说不在点子上，唠叨有余，深度不足，久而久之说理成了噪音，令孩子很烦。二是立意不高，低级庸俗，包括部分老师也常把"书中自有黄金屋，书中自有颜如玉"挂在嘴边教育学生，难道孩子读书就是为了金钱和美女吗？如此教育，小孩子即使学习好，没有正确的"三观"、高尚的人格，后天也会走上邪路。还有一些家庭比较贫困的父母，常常教育孩子"吃得苦中苦，方为人上人"，甚至某些重点学校也把这句话挂在学校的显眼处以激励学子，其实这也是很不合适的，因为目的不纯。细细想来，这是很大的问题。人与人之间是平等的，我们今天要追求的也是人人平等的社会，凭什么吃了苦中苦就要做人上人呢？在反腐斗争中，有一部分寒门学子——做了领导，成了贪官，其实就是"人上人"的心理在作怪——儿时贫穷，形成了极度自卑的人格，当官后因自负而形成的扭曲人格会让人贪得无厌，最终是"人上人"变成了"人下人"。三是不正面教育，说话总是带着牢骚脾气，用打击的语气教育孩子。例如，"如果你考不起大学，将来只能做一辈子的苦力""你若考得起大学，河水都会倒流"。要记住，要正面说理、正面教育，哪怕孩子学习上差一点，都要让孩子有尊严地成长，千万不要用有辱人格和尊严的语言和语气打击孩子。伤透了孩子的自尊心，孩子自暴自弃，毁掉的不仅仅是孩子的学业，而是整个人。

二、以身作则法

要想孩子好好学习，父母必须天天向上；要孩子品学兼优，父母就要德才兼备。父母作为子女的第一任教师、终身的教师，对孩子的教育身教重于言教。父母行为对孩子的影响是刻骨铭心的。有一种观点认为，教书是学校老师的责任，育人是家庭家长的事。我认为这种观点还是很有道理的，因为学校教育主要是围绕课本的学业教育，而家庭对孩子的化育则是全方位的，涉及孩子发展的所有方面。

相比于学校教育，家庭教育、家长行为对孩子的影响更加深刻、久远，原因有三：一是父母是孩子最早接触的人，其言行在孩子幼小的心灵里留下了最早的印象，其对孩子的影响会起到先入为主的定式作用；二是父母是孩子接触最久最多的人，父母的行为在孩子的眼里心里反反复复地出现，孩子就会习惯这种行为、认可这种行为，从而模仿这种行为，久而久之就把父母的行为传承下来；三是父母是孩子身边最近的人，而且这种近不仅是身体距离的近，还有心理距离的近，而学校教育中无论师生关系多好，都有一定的身体距离，特别是心理距离。家长和孩子之间的距离是不设防的距离，从行为学的角度讲，距离越近影响越大。纵观历史，为什么有的家庭人才辈出，而有些家庭的后辈却一直很普通呢？研究表明，这种现象不排除有一小部分是遗传基因的作用，也就是先天的智商方面的差距，但更多的是家庭文化的传承，即上辈人对下辈人严格的、科学的、系统的、持久的家教。上辈人的行为会对下辈人形成深刻持久的影响，特别是上辈人勤劳的、严谨的、刻苦的工作、生活、学习行为对下辈人具有引领、示范、榜样作用。日复一日，反复刻画，父母身上的优秀品质、言行举止、奋斗精神深深地烙印在下一代人的心灵上，从而变成下一代人的行为模式。这就是以身作则的教育方法的传承效应。

一个行动胜过十个纲领。正面说理固然重要，但父母把自己说理的内容变成自己的行为更具有真正的说服力。这种道理之光既要照孩子也要照自己，这种行动能让孩子更好地感受上辈人的力量，能更持久更有效地激励孩子学习。

官为民表，师为学表，父为子表。为人父母要求孩子做的，自己首先要做到，不允许孩子做的，例如玩手机，自己要带头遵守，要严格要求自己，要给孩子作出积极的、正面的表率。对此，父母可以从以下四个方面做起：

一是要规范自己的行为。对待生活、工作、学习要有严谨的态度，给孩子展现积极向上的精神风貌。要学会调整负面情绪，遇到不高兴的事情要自己消化，不要把负面情绪带给孩子，要营造积极的、阳光的家庭生态环境。

二是勤奋学习。除钻研业务知识、提升工作能力外，要确定自己的学习研究方向，和孩子一起努力、一起学习、一起成长，营造学习型的家庭氛围。

三是把理想变成行动力。想明白后要马上行动，不能停留在口头上。行动不力、行动迟缓，凡事都往明天推，不仅误事，也会给孩子造成磨蹭、拖拉的负面影响。提升行为能力，既包括行动的能力，也包括行动的速度，家长要从能力和速度两方面来要求自己，给孩子以潜移默化作用，用自己极强的行动力来培养孩子的行动力。只有把想法变成行动，家长做事才会有成果，孩子学习才会有成绩。

四是杜绝负面行为。除了摒弃不行动、缓行动之外，还要杜绝负面行为。家长的负面行为不但不能激励孩子努力学习，相反会破坏家长在孩子心目中的权威、形象，甚至在孩子幼小的心灵留下阴影。生活中，部分家长情绪失控后互相攻击对方，这些一旦在孩子面前展现，家长在孩子心目中就没有了高大的形象和权威，家长教育孩子、给孩子讲道理时，效果就会大打折扣。所以，家长要理智、要自律，这不仅是对孩子负责，也是对自己负责。

三、激将法

对于部分孩子而言，激将法比正面说理更有效。在中国历史上，诸葛亮无疑是应用激将法的高手，《三国演义》第四十四回载：

二人互相争辩，孔明只袖手冷笑。瑜曰："先生何故嘲笑？"孔明曰："亮不笑别人，只笑子敬不识时务罢了。"肃曰："先生怎么反笑我不识时务？"孔明曰："公瑾主意欲降操，甚为合理。"瑜曰："孔明乃识时务之士，必与吾有同心。"肃曰："孔明，你也如何说此？"孔明曰："操极善用兵，天下莫敢当。向只有吕布、袁绍、袁术、刘表敢与对敌。今数人皆被操灭，天下无人矣。独刘豫州不识时务，强与争锋；今孤身江夏，存亡未保。将军决计降曹，可以保妻子，可以全富贵，国祚迁移，付之天命，何足惜哉！"鲁肃大怒曰："汝教吾主屈膝受辱于国贼乎！"孔明曰："愚有一计，并不劳牵羊担酒，纳土献印，亦不须亲自渡江。只须遣一介之使，扁舟送两个人到江上。操一得此两人，百万之众皆卸甲卷旗而退矣。"瑜曰："用何二人，可退操兵？"孔明曰："江东去此两人，如大木飘一叶，太仓减一粟耳；而操得之，必大喜而去。"瑜又问："果用何二人？"孔明曰："亮居隆中时，即闻操于漳河新造一台名曰铜雀，极其壮丽，广选天下美女以实其中。操本好色之徒，久闻江东乔公有二女，长曰大乔，次曰小乔，有沉鱼落雁之容，闭月羞花之貌。操曾发誓曰：'吾一愿扫平四海，以成帝业；一愿得江东二乔，置之铜雀台，以享晚年，虽死无恨矣。'

今至引百万之众,虎视江南,其实为此二女也。将军何不去寻乔公,以千金买此二女,差人送与曹操,操得二女,称心满意,必班师矣。此范蠡南献西施之计,何不速为之?"瑜曰:"操欲得二乔,有何证验?"……

就这样,孔明一步一步地激将周瑜,最后周瑜终于仰天大叫"老贼欺吾太甚",最后下决心与曹操势不两立。于是,足智多谋的诸葛亮达到了他的目的。类似的例子在《三国演义》里比比皆是,有激将老将黄忠的,有激将关羽、张飞的,屡屡收到奇效。

从《三国演义》中应用激将法的诸多例子来看,使用激将法的都是文韬武略、深谋远虑的主帅、军师,而被激将的都是有血性的武将。这些武将,一方面性格直率,另一方面骨子里有一股不服输的血性,通过激将让他们下定决心,更加明确了他们的使命。同样,对于这种性格的孩子,使用激将法,他们在学习中会更加细致认真,可以减少学习中的错漏;为了兑现自己的承诺,孩子会更加用心学习,进入一种亢奋的状态,自然会更努力更刻苦。

用激将法激励孩子是一种比正面说理更深刻的办法,这既是一种阳谋,也是一种计策。当然,激将法不可能对所有的孩子适用,也不是所有的家长都能用,因为它比正面说理法对家长和孩子的要求更高。特别是对于那些性格比较软弱的孩子,以及自尊心不强、自信心不足的孩子,千万不能用激将法,不但达不到激励的效果,还可能会起反作用,会让孩子认为自己真的不行。所以,使用激将法有一些条件:

一是被激将的必须是那种自尊心比较强的孩子,其骨子里要有一种面对任何人、任何事、任何困难都有一种不服输的韧劲,就像武将那种刚烈的性格，所谓激将是也。

二是拿来激将的事项必须是有意义的，不会伤及孩子身心的，通过努力可以做到的。古代的文官使用激将法让那些武士去举超过身体极限的石头、石缸，其实已经是一种阴谋了。

三是家长必须比较成熟老练，对自己的孩子十分了解，深知孩子的个性，深知孩子的心理特征，对孩子的时间、事项、环境把握得特别好。在对孩子使用激将法的过程中，家长要把握好语言内容、语气，火候的掌握要恰到好处。例如，吃饭时和孩子谈论高考，家长可以说："其实我们对你的要求也不高，只要能上本科线就满足了。"自尊心比较强的孩子会说："我有那么差吗？我要考重点大学。"这时，家长可以接着说："考重点大学是很难的事，大多数人考不起。"孩子会很不服气地说："别人考得起，我为什么考不起。"父母可以接着激励孩子："别人考起，那是人家有一种吃苦耐劳的精神。好成绩的背后，是起早贪黑地学习。我们觉得你具有考重点大学的天资，但吃苦耐劳的精神还是差了点。"说到这里，既把孩子的理想明确地激励出来了，也把孩子的积极性调动起来了。同时，孩子对自己、对家长有了一个承诺。另外，家长也明确地指出了孩子身上存在的问题，让孩子明白了自己的差距。这时，父母再耐心和孩子进一步分析孩子的长处和短板，制订下一步更加清晰的目标和学习计划，孩子自然会因自己的目标、对父母的承诺而刻苦努力学习。

四、置困解困法

困，故为庐也，从木，在囗中。故庐仅围一木，见其匮乏是困之范式，故困之本意为陷在艰难痛苦或难以摆脱的环境中。

我们常说乱世出英雄，例如春秋战国时期人才辈出，出了很多政治家、思想家、军事家，如孔子、老子、墨子、孙膑等。民国时期，国家内忧外患，民不聊生，同样出了很多优秀的政治家、思想家、军事家、文学家、科学家。为什么乱世出人才呢？原因当然是多方面的。首先是生存环境恶劣，生存压力大，所以每个人都要拼命努力才能生存下来。这一拼命努力，人就有本领了。其次是原有的权力格局被打破，出现一些权力真空，优秀人才容易脱颖而出。最后是为建立新的社会秩序，让国家独立、社会发展、人民安居乐业，总有一些仁人志士舍生忘死，为国家民族而奔走、奋斗，其品质、事功自然高于常人，也高于太平盛世。以上是从国家社会层面来分析的。从家庭层面分析，家道中落，前期衣食无忧，而逐渐生计困难，家庭社会地位越来越低，孩子亲身感受到生活的艰辛和人情的冷暖，也会奋发和努力。

生而知之者鲜，学而知之，困而知学者众。困对有志者来说，是一种动力。置之困难环境之中，有志者自会努力解困，其实也是穷则思变的道理。纵观中国历史，困境常常成为大多数人奋斗的动力。20世纪70年代末、80年代初，我国恢复高考，一大批农村孩子考取大学进入城市工作，后来大多数人做了领导、成了专家，成为改革开放时期的中坚力量。当时没有人给他们讲多少道理，他们只是困而勤学，因为当时的中国农村穷得连饭都吃不饱，努力学习考取大学是唯一一条走出农村、摆脱贫困的出路。

困有国家之困、民族之困、家庭之困、个人之困。乱世也可以说是困世，乱世出人才，背后都有个共同的原因，就是身处困境，为了走出困境必须努力。由此可见，困境也是激励人努力奋斗的动力。

现代社会，秩序井然有序，物质丰富，生活无忧，躺平亦不会挨冷受饿。正因为条件太好，一部分孩子失去了奋斗的动力，只管吃喝玩乐，不知努力学习。

　　从家教的角度讲，一是孩子在生活、工作、学习中遇到困难时，家长不要大包大揽，要让困难难一难孩子，让其知道生活的艰辛与不易，激励其努力奋斗；二是要人为地设置一些困难的环境，让孩子于"困境"当中生活、学习，让其思考解决困难的办法。孩子通过自己的努力把困难解决了，自己走出困境，对其能力、毅力都是一种刻骨的磨炼。孩子自己走出困境这个过程中悟出来的道理，比父母苦口婆心讲的道理管用。

　　设置困境的办法很多。从年龄方面看，家长最好在小学五六年级和初中阶段给孩子设置一些"困境"，因为太早，孩子不懂事，没有感悟，而高中以后，孩子的思想定型了，效果也不好。从内容方面看，包括生活、学习、生存等内容。生活方面，可以带孩子到条件比较艰苦的农村生活一段时间，记住要和当地孩子同吃同住同劳动；学习方面，可以找一些难度大的试卷给孩子做，找些不同版本的教材，甚至国外出版的教材给孩子学习，目的是激励孩子更加努力；生存方面，可以通过夏令营训练孩子的野外生存能力；等等。

　　记住，被水溺过的孩子，才会努力去学习游泳；被困难逼过的孩子，才会有解决困难的胆识和本领。

第九章　独立人格　亲和入世

　　运用知识的知识，即社会适应性，是第二知识。第二知识的主体是独立性和亲和性。独立性和亲和性是人的一体两面。独立性是内在的一面，是一个人有别于他人的特质和个性，是基于自我意识，不受外力影响而自行其是的能力，或者虽受外力影响而能正确判断和应对的能力。培养孩子的独立性，让孩子具有独立人格，孩子才能真正做到自律、自尊、自爱，自我管理、自我成长。亲和性是外在的一面。亲和性是基于对外在世界的认识、对他人的尊重而形成的优秀的交往风格，是对社会的适应之道，是和他人的相处之道，是独立的人和纷繁复杂的社会、形形色色的人群的互动之道。孩子有亲和性才能融入社会，易于被他人接纳，能和他人融洽相处，在相处的过程中，让他人舒心、认可，弱时可以更好地找到发挥知识和能力的平台，强时可以给他人提供平台。

第一节　独亲思辨

上一章讲学业管理，学业是学生的主业，是在学校学习科学文化知识。其实，还有一所没有围墙的大学是任何大学都代替不了的，那就是社会熔炉。学业是否成功最终的检验不是考试，而是社会实践。在学校学的知识在社会实践中能否找到一个平台派上用场、发挥作用，并在实践中不断得到检验、发展和丰富，涉及另外一种知识——社会知识，或者说是运用知识的知识。如果把在学校所学习到的科学文化知识称为第一知识的话，那么社会知识、应用知识的知识，可以称为第二知识。

细心观察，你会发现，有部分学校的尖子生步入社会以后发展得不是很好，而有些学业一般的学生步入社会后反而做得风生水起。因此，有些老师讲到一些很成功的学生时，总是会说："这个学生当年在学校学习不是很好！"老师、家长往往会把这种现象归因为运气。当然，原因是多方面的。一个人的成功，或者说一个人做成一桩大一点的事，往往是多因一果，但一定有一个主要的力量在当中起着主导作用，这个起主导作用的力量其实就是社会适应性。换句话说，这些学习成绩一般的孩子只是第一知识掌握得一般，其实他们的第二知识比学习好的孩子学得好，所以他们的社会适应性强。这种社会适应性在后天的发展中释放出来的能量比在学校所学到的第一知识更管用。但是，学校教育的重点是第一知识，老师们所关注的也是第一知识，因而大多数老师看不到学生身上的第二知识。所以，人的成功和学校成绩有直接的关系，但不是必然的关系。

我认为，第二知识，即社会适应性、应用知识的知识，如果用两个概念来表达的话，用独立性和亲和性这两个概念来表述比较合适，并且展开说理也比较方便。

一、独立性

独立性是指人的意志不易受外界的影响并自行其是的能力。独立性还应包括独立思考能力以及设计和实施行动的能力。独立性反映的是意志和行为价值内在的稳定性，即遇事有主见，不依靠他人就能独立处理事情，积极主动地学习，以及完成各项实际工作的心理品质。它同时是勇敢、自信、认真、专注、责任感，以及不怕困难的精神。独立性是人格的重要特征，也是成才所必备的品质。

独立性至少包括三种能力：自立能力、自制能力、自主能力。其中，自立能力是指一个人依靠自己的力量求得生存与发展的能力，是与对父母、对他人的依赖相对应的人格特征。一般说来，自立能力随着年龄的增长而逐渐提高。自制能力是一个人控制自己的情绪和行为的能力，即孩子在社会生活中能体察他人的需求，有克制自己的毅力，有面对诱惑的定力，能够自己约束自己，管好自己的言行，以适应社会规范，适应社会环境，更好地处理人际关系。自主能力是指一个人在外界的压力和影响下，还能够坚持自己的见解、主张，并能作出理性、正确的选择，始终从长远、大局、真理方面进行思考、选择行动的能力。和自主性相反的人格，就是人云亦云、随波逐流、从众心理。

独立性是适应社会、成就事业的必备品质。除了自立能力、自制能力、自主能力之外，独立人格特征比较突出的人还有以下特质：

一是眼光独到、思想深邃。首先，有成熟的见解。见解来源于观察和思考，这就要求人有一双慧眼，看得透自然、社会、人性，不仅要用眼去看，而且要用心去看，既能看到象，也能看到象背后的理、理背后的道，也就是我们常说的透过现象看本质。对于司空见惯的、常人熟视无睹的人和事，看得出蕴藏的问题，找得到改进的方法，并能着手推动事物发展。总之，拥有属于自己的思想观点，有解决问题的办法和措施，和人交往总是起带头和引领的作用。相反，依赖型的人格，总是视而不见、见象不见理，并且缺乏自己的思想和见解，浮于表面，容易被他人、冗事、习惯左右，习惯跟随和服从。

二是积极进取，主动作为。积极主动是独立型人格的一种人生态度，是做人的一大优点。拥有独立型人格的人总是主动把握自己的命运，对自己的人生非常负责，总是理性地对待一切人和事，总是看到做人做事的有利条件，一旦想清楚、想明白就立即付诸行动，会通过自己的主观努力提升生命的价值。积极主动者总是会想办法适应环境、改变环境、改变"社会天气"，让事物朝有利于达成自己目标的方向发展，人生总是充满生机和活力。相反，缺乏独立人格的人不会自燃，总是等待他人来点燃，面对人和事，特别是处于艰难一点的环境时，总是被人推着走，凡事被动应付，好像日子不是用来过的，而是用来熬的，人生暮气沉沉，缺乏生机和活力。

三是目标明确，行动有力。独立意志的核心是思想独立，而一个人最重要的思想就是有明确的人生目标，不但知道自己是什么，还要知道自己要什么，以及怎么要，知道自己要到哪里去，并努力去达成目标。一个人如果有了目标并为实现这个目标而努力，或者虽然没有明确的目标但已经走在寻找目标的路上，那么这个人的意志要么已经独立，要么正在走向独立。相反,缺乏独立人格的人,总是没有明确的目标,总是喜欢跟随别人。当然,他们也羡慕有目标的人,但总是脚踩西瓜皮,滑到哪里算哪里,抱着过一天算一天的心态,等待别人的安排、命运的眷顾。具有这种依赖型、消极被动型人格的人,即使运气好有点作为那也是小作为。

四是勇于担当,敢于负责。独立型人格既然是主动积极的,那么一定有一种"勇于担当,敢于负责"的精神。每个人在学校、在家庭、在单位都有一个坐标定位,都扮演着一个角色,这个角色就是责任、就是使命。独立型人格总是主动承担起所扮演角色的责任。例如,知道在家里作为子女有孝养父母的责任,在单位作为职工有承担工作的责任。具有独立型人格的人,总是主动承担起自己的责任,寻找并努力去完成自己的人生使命;生活中的每一个角色都会扮演得很好,人生的每一次转身都会转得快、转得好、转得华丽,而且角色的转化不会影响前行的脚步;对自己、对家庭、对社会始终有一种担当精神,自己分内事总是主动承担,并且会努力研究完成使命的办法和措施。

二、亲和性

人是社会人,每一个人都是这个社会的一个细胞,一个人与社会的关系,就像一片叶子与一棵树的关系。树少了一片叶子还是树,但叶子不能离开树,离开就意味着生命的结束。人要生存、要发展,就要融入社会,要把自己作为社会的一员来打造,既要从社会中吸收营养,又要为这个社会提供正能量,为社会的进步和发展贡献智慧和力量。

亲,是亲切、亲近;和,是和谐。亲和性,就是和社会上的每一个人,和在学习、生活、工作中接触到的人和事和谐相处,同向发力,互利共赢。亲和性是对己、对人、对物、对这个世界和社会的接纳和包容。

亲和是心灵的阳光，可以温暖人心；亲和友善是待人接物的理想境界，是为人处世的良方，也是他人善待自己的前提。敬人者人恒敬之，人敬我一尺，我敬人一丈，亲和友善是相互的，你善待别人，别人就会接纳你、回报你，就会认可你的能力和为人，就会为你发挥能力提供平台。人进入社会后能力固然重要，但平台也很重要。有能力无平台，能力无用武之地，纵有才情也平庸；有平台无能力，误人误己。

具有亲和性的人，一般具有以下一些特征：

一是心地善良，会为他人着想。具有亲和性的人，一定有一颗善良的心，有悲悯万物、悲悯他人、处处为他人着想的品德，这种品德就是善待他人的前提，这种来自骨子里的善良与那种伪善、表面客气有着本质的区别。替他人着想就是会换位思考，站在对方的角度看问题，他人有好事有欢喜，跟着一起欢喜，希望世间所有的人都平安，都能按自己的理想状态去发展；对于别人的困难有同情心，能够倾力相助，希望他人尽快摆脱困难。

二是心胸宽广，能包容不同类型的人。亲和性好的人，其心量必大、心胸必广，这不是人以类聚，而是可以包容不同性格的人，欣赏他人的优点，包容他人的缺点和不足。在人际交往中，懂得求同存异，不纠缠细枝末节，不是原则问题的事一笑了之，对别人的不足不是看不破，而是看破不说破，要说破也是善意地提醒和帮助。在人际交往中，和大家都认为好相处的人相处得好，可能并不是因为自己好相处，而是因为对方好相处；而和大家都认为难相处的人处得好，才是因为自己好相处。与难相处的人都能处得好，至少可以说明这几个方面的问题：你真诚地善待对方、帮助对方，对方真心佩服你的为人，为此收敛了自己的个性和不利于团结的言行，你对对方不合时宜的处世方法给予了更多的包容。

海纳百川，有容乃大。一颗包容的心，是和大多数人、不同性格的人、不同性别的人、不同年龄阶段的人、不同阅历的人都能和谐相处的诀窍。

三是以礼待人，张弛有度。亲和性好的人待人接物总是有礼有节，对长辈尊重有加，对晚辈关心呵护，对同辈亲切互助。其言行、表达恰当得体，任何时候、任何场合只要是看到或想到都会付诸行动，言语上问候，行动上帮助，能把内心深处对人的关心变成实实在在的行动。与亲和性好的人交往，总是如沐春风。

独立与亲和之间是一种辩证的关系。世事洞明皆学问，人情练达即文章。社会知识需要在社会中历练，遇人学人、遇事学事，要观察、思考、总结提炼。一般说来，社会知识和阅历成正比，阅历越丰富的人，对社会的理解越深刻，对人情世故的把握越全面，更懂得和不同类型的人交往，更能因为亲和性而从别人身上获得更多的能量并丰富自己的独立性。

人既要有独立性，又要有亲和性。不要因为独立而孤芳自赏、和世人对立，也不要因亲和而丧失自我。在独立的前提下亲和，在亲和的过程中独立。既要有自己的个性特质，有自己的尊严，又能和他人和谐相处，融入社会，融入团队。在团队中成长，把团队目标和个人理想结合起来，在实现团队目标的过程中，实现自己的人生价值。这就是独立性和亲和性的辩证关系。这样，方可达人格独立、亲和入世的境界。

第二节　独立人格

独立性和亲和性作为人生的第二知识，作为适应社会的能力，自然是在实践中培养出来的。当然，由于先天慧根不一样，父母花的精力也就不一样，同样的精力，其效果也有很大的差异。例如，王阳明12岁时，曾问他的老师："何为第一等事？"老师听后回答："惟读书登第耳。"王阳明听后反驳自己的老师说："登第恐未为第一等事，或读书学圣贤耳。"可见，老师和家长未必有如此深刻的见解，而一个12岁的少年却想到了，说明他有别于一般人的独立思考能力，并且还不唯书、不唯师。最重要的是，立读书成圣贤之志后，王阳明一生都以此为目标，矢志不移，最终成了圣贤。

王阳明是个例，从哲学的层面讲，不能用一个极端的例子来说明普遍性的道理。对大多数人而言，12岁还是一个不懂事的孩子，没有独立思考和独立行事的能力，事事都还要依赖家长和老师，其独立性还需要家长和老师慢慢培养，都有一个从依赖到独立的渐变过程。那么，应该怎样培养孩子的独立性呢？

一、抓早抓小

根据心理学家的研究，2~7岁是孩子性格的养成期。把握孩子的心理成长规律、成长阶段的特征，培养孩子的独立性，要抓早抓小，从2岁就开始，从细节抓起。其实，2岁的孩子就是我们说的一张白纸，父母、老师在上面写什么，那后天就是什么。所以家长要先入为主，要用科学的思维和方法去触动孩子的心灵。在培养孩子第一知识，即科学文化知识的同时，重视人格的培养，特别是独立人格的培养。孩子具备了独立学习、思考、生活的能力，更有利于第一知识的学习，有利于综合素质的提升，最终实现全面发展。

抓早抓小很重要，那么具体怎么抓呢？

首先，从生活细节抓。教会孩子自己吃饭，只要孩子会用勺用筷，父母就不要再喂了，但要耐心地教其正确高效地用筷用勺；多花一点时间陪伴孩子，教会孩子穿衣服，起床自己穿衣服，睡觉自己脱衣服；教会孩子洗脸、洗脚、洗澡；上学自己背书包，做完作业自己收拾书本，学习用具学会归类收拾；自己的房间自己打扫。有人给孩子提问题，父母要让孩子自己回答。总之，凡是孩子能够自己做的事，在保证安全的前提下都要让孩子自己完成。自己做就是培养独立性，包办代替培养的是依赖性，长期依赖必然产生惰性。

其次，从学习上抓。作业自己独立完成，自己先思考先做，不会做再请教家长和老师。家长在辅导作业时，不要直接告诉孩子结果和方法，要进行启发性的辅导，让孩子有个思考过程，或者告知在哪本教材、辅导书上可以查到，让孩子自己去查资料，让孩子通过学习弄明白。

最后，从思维上抓。凡遇事、遇问题，父母不要先入为主，要先让孩子自己拿主意，让孩子有一个独立思考的过程。凡是孩子问父母的事，父母要先问孩子自己的看法、自己的观点，正确的给予肯定，不正确的给予纠正，并且要讲清楚其中的道理，甚至有些事要做给孩子看，让孩子看到不同观点、不同做法所造成的不同结果。孩子做得不完善、讲得不清楚的，父母要给予补充完善，讲清楚讲明白，让孩子不但知其然，而且知其所以然；孩子坚持要做的，让孩子阐述清楚理由，有道理的家长要尽量给予支持，孩子做得美中不足的要给予包容。

常人都是渐变的，知识、性格的积累都有一个从量变到质变的过程，培养孩子的独立性也是如此。性格的培养也是点点滴滴积累起来的，没有细节，就没有家教。家长就是要从点点滴滴的细节开始抓实，并长期坚持，才能培养孩子的独立性。

二、培养孩子的胆识和气魄

独立人格就是有自己的主见，敢于做主，善于做主，有承担后果的勇气和能力。这就必然面临一个问题，是否有胆识和气魄。可见，独立必须有胆识，有胆识才能独立，胆识是做人做事、面对困难、面对对手的决心和勇气，是一种亮剑精神，是面对选择时的决断勇气和能力，是克服困难的精神和能力。生活中，独立性强的人其内核里有胆识。相反，依赖型人格必然是胆小怕事，遇到困难和问题会躲避和绕道走的人。

胆识也可以表述为胆商高。胆商在平时的生活、学习中看不出来，在常规工作和生活不需要作选择或决策时，大多数人都差不多，遇到重大事项需要决策时，特别是需要作出非此即彼的选择时，胆商高和胆商低就不一样了。1915年，志得意满的袁世凯决心称帝。面对手握几十万北洋军的大总统袁世凯，面对袁世凯倒行逆施的称帝野心和紧锣密鼓的安排准备，面对谁拥护就得好处，谁反对就可能人头落地的残酷局面，全国手握重兵的各路军阀和持不同政见的政客大多选择沉默观望，而地处边陲云南的都督唐继尧则义无反顾地举起了反袁大旗，发动了护国讨袁的护国运动。虽然手中仅有两万多兵力，军事实力和袁世凯相差几十倍，纯粹不在一个量级上，但唐继尧、蔡锷、李烈钧等滇军将领胆商非常高，他们有独立的思考、有决断力和行动力，面对强敌敢于亮剑，"舍得一身剐，敢把皇帝拉下马"，阻止了一次历史的大倒退，成就了"再造共和"的丰功伟业，其胆识和气魄，世所罕见。

总结历史，研究人生，胆识和气魄是独立人格的核心要素，是在人生关键节点上能否上一个层次的关键素质。培养好孩子的胆商才能让孩子真正独立，关键时刻有决断能力，如此也才能成为有作为的人。

胆识是一步一步积累起来的。刚学走路时，孩子走不稳，大人放手后，孩子要么站着不走，要么就是蹲下去。这时，父母可以引导孩子，隔两米伸手让孩子自己走过来。看到大人伸出的手，孩子才有安全感，孩子战战兢兢地走两次，就学会自己走路了，从此就有了独立行走的胆子和能力。第一次出门，孩子看不到父母不敢单独行动，父母陪孩子多走几次，孩子熟悉路后，就可以在父母的视线下，自己独立出行，慢慢地越走越远。晚上，孩子不敢一个人睡觉，怕黑，怕没有大人的陪伴，那就在孩子单独睡时开着灯，等孩子睡着了再把灯关掉。如此反复多次，孩子就可以关灯独自睡觉了。这些都是在生活中点点滴滴积累起来的胆商。

胆商在学习、工作中比在生活中更重要。在学习中，父母要鼓励孩子敢于确定高目标，以目标来引领行动。这样，在努力实现目标的过程中，既可以训练胆商，又可以提高实现目标的能力和水平，况且敢于确定高目标本身就是胆商高的表现。帮助孩子制定学习和工作的高标准，对照标准严格要求孩子，当孩子达到标准、习惯标准时，自信心自然能树立起来。自信心强，胆商也就高了。树立一个榜样，以榜样为标杆，心中有英雄、有圣贤、有崇拜的对象，人生就有了标杆。以胆商高且有作为的先贤、长辈作为激励孩子学习的标杆，让标杆的事功、胆识、气魄时时激励着孩子，孩子才会从心灵深处生长出胆商来。

最后需要说明的是，社会发展到今天，那种侠客式的胆商已经不适合了。当今社会需要的是有较好人文素养支撑、大智大勇、非常理性的胆商，是在读懂社会、尊重他人、对社会有正能量前提下的胆商；是在把握未来发展趋势，有科学依据、有数据分析、有理论支撑、弄清楚事实、看清楚问题、预知到后果才下决心的胆商；是可以借用外脑，集他人智慧，借用科学手段，通过主观分析，多方案比较，选优决策下的胆商。

三、培养孩子的逆商

逆商，即逆境商数，是面对逆境的定力以及走出困境的能力，是面对挫折不屈和逆势而上的精神。从小处看，孩子提出的要求得不到满足也是挫折。例如，小孩要玩手机，大人不给；要吃冷饮，大人不准；要穿名牌球鞋，大人不买……面对此种情况，有的孩子又哭又闹，不依不饶，有的孩子则很平静，这就是逆商高低的表现。前者是家长在孩子2～7岁时没有对孩子说"不"，凡事满足，百依百顺，特别是孩子一哭闹，父母就妥协的结果。从大处看，"天有不测风云，人有旦夕祸福""月有阴晴圆缺，人有悲欢离合"，人生不可能总是一帆风顺，有成功也会有失败，有表扬也会有批评，有顺境也会有逆境。看一个人的心智是否真正成熟，要看这人能否用辩证的观点来看待人生，要看其受到挫折，特别是受到重大挫折、重大打击时的表现。心智成熟、心力强大、人格独立、逆商高者，在遇到挫折时不抱怨、不灰心，而是积极想办法脱困；而心智不成熟、心力弱小、人格不独立、逆商低者，在得意时总是自我感觉良好、得意忘形，看不到潜藏的危机，失意时总是后悔当初，进而产生消极情绪，抱怨社会、抱怨他人、抱怨自己，灰心丧气，只看得到困难，看不到希望。其实，没有经历过挫折和失败的人生不是完美的人生，失败和挫折本来就是人生的一部分，只有痛过的人才知道不痛有多舒服，只有失败过的人才会更加明白成功的不易，只有身处逆境的人才能真切地感知人间的冷暖，只有跌到低谷重新崛起的人才能磨炼出坚韧不拔的毅力。深圳万科企业股份有限公司创始人王石在评价褚时健时说："权衡一个人的标准，不是只看他登到高峰的高度，而是看他跌到谷底时的反弹力。"其实，这种跌到低谷时的反弹力就是真正的逆商。

挫折、逆境会使人生更加深刻，使人对人生、对社会的感悟更加有深度，使人悟出顺境悟不出的思想，取得顺境出不了的成绩。唐宋散文八大家之一的苏轼，之所以能写出千古传唱的诗词、散文，除了他的先天慧根和后天的努力之外，还与他的人生常处于逆境有密切关系——他不断地被排挤、被流放，他的很多优秀作品都是在流放的路上写的。

说了这么多逆商的重要性，那么怎样培养孩子的逆商呢？

一是对孩子说"不"。从2岁开始，对于孩子不合理的要求，家长要说"不"，对孩子不当的行为应当及时制止，让孩子从小就知道什么可以，什么不可以。反之，事事满足，会宠坏孩子。诉求得不到满足，对孩子而言，就是一种逆境，所以家长说"不"就是对孩子逆商的培养。

二是对于孩子不当的行为要批评教育。太平社会，社会管理规范、宽松、发展机会均等，真正的逆境、大的挫折不多。因而，学习、生活、工作中的不足，不当言行，家长、老师、领导批评是一种常态，也是培养逆商最重要的方法。所以，对孩子的不当行为，或者该做的事孩子没有做的，家长必须批评，不但要批评，而且要教育孩子正确对待学校老师和单位领导的批评。一般来说，表扬的话总是因为要鼓励而带有水分，而批评的话总是因为留有面子而不说到位。一定要知道，老师或领导批评你，首先不是恨你，而是希望你知道自己的不足以便改正，批评者的出发点一定是善意的；其次老师或领导批评你，说明很在意你；再次，知道自己的缺点和不足，就找到了努力的方向。生活中常给自己指出缺点的朋友称为诤友，其实诤家长、诤老师、诤领导更有利于一个人的成长。捧杀让人堕落，棒喝令人清醒。

三是孩子遇到大的挫折时，要及时给予关心和帮助。挫折中的关心和帮助是雪中送炭，这比得意时的赞赏和表扬更温暖人心，能让一个人尽快重新振作起来。例如，高考失利、失恋、找不到工作，这些都是大的挫折，在此种情况下父母要关心和帮助孩子，在精神上关心呵护孩子，在思想上帮助孩子解开心结，分析失败的原因，找到问题的症结，在挫折中寻找有利条件，找到解决困难的办法，确定下一步的目标。

四、给孩子创造锻炼的机会

通过观察，我发现以下几种孩子会更加独立：通常，家庭困难的孩子比家庭富裕的孩子更独立，老大比幺儿更独立，离家求学的孩子比在家附近求学的孩子更独立。这说明环境不一样，锻炼的机会不一样，独立程度就不一样。

中国民间有一句俗语，叫作"穷人的孩子早当家"。其表达的意思就是，因为穷，生活压力大，孩子从小就很自立，这是外界环境、生存需要逼人自立。现代社会，生活富裕，孩子的生活、生存压力越来越小，父母包办的事越来越多，所以很多孩子生活自理能力差，事事依赖父母，独立性自然就差。所以，父母在生活中要分一部分责任给孩子，逼其独立。"长兄若父，长嫂若母"，这也是民间俗语，因为长兄有带弟弟妹妹的责任，这种责任必然铸就老大独立的性格，而幺儿有父母、哥哥姐姐照顾，有依靠，自然独立性就差。"行千里路，读万卷书"，现代社会，出国留学的孩子越来越多，留学生其实也很独立，首先他们敢于出国本身就是有胆识的表现，是独立人格的选择；其次在国外离家离父母很远，父母照顾不了，事事都只能靠自己，自然独立；再次，留学是一条不归路，只能前进，不能后退，奋斗不出成绩无脸见江东父老。

我分析以上三种现象，只想说明一个问题：父母要创造机会培养孩子的独立性。一是在家庭里要有意识、有计划地留出孩子独立的时间和空间，让孩子有独立决策和做事的机会。例如，孩子有自理能力后，父母双方有事外出几天，可以让孩子一个人学习生活，让孩子在假期天单独照顾老人几天，父母通过电话做些指导。二是学校有寄宿条件的尽量让孩子离开家去学校寄读，特别是初中以后，这样既能让孩子独立过集体生活，又可以学会和同学相处；假期时让孩子参加夏令营活动，或者独自外出旅游；孩子到新学校报到注册，让孩子自己去办理。三是读大学尽量选择离家远一点的大学或是出国留学，离父母越远越能培养孩子的独立性。教育的目的就是自立，孩子离开父母才能真正独立自立。

第三节　亲和性情

亲和性，全面地讲应该包括三个层面：一是和自己亲和，即内心丰富，情绪稳定，愉悦安宁。二是和环境亲和，即喜欢环境、适应环境。和环境良性互动，能从环境中获得愉悦感，能从良性方面改变环境。三是和他人亲和。在人际交往中，和他人和睦相处，给予交往的人情感能量。一般说来，讲亲和性主要讲第三个方面，也就是在世人面前的表情、言语和行为。那么，如何培养孩子的亲和性呢？

一、培养孩子的爱心

一切亲和，包括对己、对物、对人都是源于内心深处的那份真爱。只有真爱才会真善，才能表现出亲和的表情、语言和行为。培养孩子的爱心依然和培养独立性一样，要从孩子小时候抓起。父母首先要给孩子一个温暖的家，要带头孝敬自己的父母，给孩子展示一个以孝为中心的家庭美德；父母恩爱，同时给孩子正确的爱，让孩子从小就感受到父母的爱和家庭的温暖，以爱培养爱心。这样，孩子的爱就会在孩子成长的过程中自然地生长出来。其次，给孩子讲一些有爱心的名人故事，用名人的事迹、爱心、境界、大爱来感化和引导孩子，让孩子心中有爱的榜样和追求的目标。再次，给孩子创造奉献爱心的机会，鼓励孩子多做一些公益活动。例如，亲戚朋友生病时带孩子一起去看望和照顾，鼓励孩子把压岁钱、零用钱捐给灾区和贫困地区，与贫困家庭的孩子结对学习、互换环境等。

种下爱的种子，方能收获亲和的果实。从小培养孩子的爱心，孩子有了大爱之心，自然会有善良之举。

二、提高孩子的修为

现实生活中，有的人和他人打交道，总是礼貌有加、和颜悦色，对方有情绪、发脾气也能冷静对待，有礼有节地沟通交流；有的人和他人打交道则语言粗俗、行为失当，稍有不快，就会写在脸上，甚至将愤怒表现在语言上，恶语伤人，有少数人甚至动手打人。这其实是个人修为方面的差距，同样的事，因为修为不同，处理方式不同，结果也就不同。

和人交往，追求亲和的最高境界应该是内有颗慈悲之心，外有慈眉善目之相，说话暖言和美，脸上有喜悦快乐的气色。那么，如何获得这种修为呢？

一是要培养孩子的大爱之心。这方面前面讲过，不再重复。

二是教育孩子控制自己的情绪。生活中，我们经常看到，有的小孩只要大人不满足他的要求就又哭又闹，和他人打交道，只要他人给一点点的不良刺激，就会产生愤怒的情绪，作出过度的反应。其实，这都是个人修为太差的表现，是不能正确管控自己情绪的反映。情绪化、易怒、易发脾气是一种本能，能控制情绪、不发脾气是一种本事。所以说，"喜怒不形于色"是人生的至高境界。能制怒、不发脾气是一种胸怀，是一种修为。父母要教会孩子管控好自己的情绪，事前提醒，事中制止，事后纠正，若孩子伤及他人要给予孩子惩罚，和孩子理性地沟通交流，让孩子明白即使是恶其恶也要有理有节地争斗。

三是培养孩子的胸量。有人的地方就会有矛盾，关键是要学会分析矛盾、化解矛盾。人与人之间的交往，只有少数人在少数的时候才会有大的利益冲突，而大多人在大多数时候都是小得失、小矛盾、口水话。心量小了，事就大了；心量大了，事就小了。小矛盾、小得失、口水话，如果斤斤计较，硬要弄个是非曲直，会让自己天天不快乐，使得他人也不快乐；如果心量够大，看得开、放得下、不计较，那么自己快乐，他人也快乐。因此，父母要教育孩子大事讲原则，小事讲风格，在与人交往中磨炼心志，放大心量，做一个心胸宽广、宽宏大量、有长者风范的人。

三、培养孩子主动交往的能力

亲和性主要体现在人与人之间的交往关系上。交往有主动和被动之分。一般说来，亲和性好的人在处理人际关系，特别是和他人交往时，都是比较主动的。

为说理方便，我从个人可控与不可控的角度来划分人与人之间的关系和缘分，即天缘、地缘、我缘。

天缘是先天就具有的人缘，是还没出生之前或者一出生就具有的人际关系。天缘主要是血缘关系，如父母、爷爷奶奶、外公外婆、七大姑八大姨、兄弟姐妹等。天缘的特点：一是先天性。出生在什么样的家庭就有什么样的天缘，个人无法选择，喜欢不喜欢、高兴不高兴都得接受。二是血缘性。天缘是亲情，一脉相承的亲情是靠血脉把大家联系在一起，一个家庭以遗传基因为纽带形成同根同脉的命运共同体。三是责任性。每个人在天缘的圈子里都有自己的角色，都必然要承担起自己的责任。

地缘是个人生活成长的村子、城镇、居住的小区、读书的学校、工作的单位，即生活、学习、工作范围内必须接触交往的人际关系圈。地缘的特点：一是客观性。出生的家庭、地点，该地的社会形态、人事结构，这些都是客观存在的，同学、同事、同乡不管个人喜欢不喜欢都要面对。二是有一定的选择性。同学、同事、同乡虽然必须面对，但是可以选择深交或是浅交，人品才学好的、相处愉悦的，可以多交、深交；反之，可以少交、浅交。

我缘是根据自己的喜好，发挥独立意志，通过选择而建立的人际圈子。我缘是对天缘、地缘圈层的筛选，是在其他圈层内通过选择主动交往而建立的人际关系。我缘是在成长中、学习生活工作中有选择性地交往，是个人后天的人脉。我缘首先是一种选择性交往，是根据个人对他人的喜好、需要而作出的交往选择。其次，我缘是一种相互认可。交往是双方的事，只有你喜欢对方是不够的，还必须得到对方对你的接纳和认可，这样才可以做到良性互动。只有良性互动，才能保持长久交往，大家才能在交往中有所收获。

无论是天缘、地缘还是我缘，在交往中都要主动积极，要把交往的主动权掌握在自己的手中，在独立性的基础上体现亲和性，按照自己的喜好、目的、时间、精力、学习、工作安排，有计划地和他人交往。主动权首先体现在明确的目的性上。交往的目的、层次要非常明确，要能分清楚是一般性的交往、事务性的交往、情感性的交往，还是几者兼而有之。目的要明确，交往要可控，在交往过程中有分寸感，知道要做什么事，要交流哪方面的知识、情感，需要对方给予哪方面的支持和配合。其次是选择性。因为有目的就必然有选择。选择性是由目的性决定的，为了达到预期的目的就必须有选择，围绕目标选择交往对象，综合分析和判断交往对象的人品、性格、能力、水平，在交往中学会识人，在识人的基础上选择能合作、能成事、能增进感情、能互相支持、互相沟通、互利双赢的人进一步深交。

在主动交往的过程中，要把握好两个原则：放眼长远，互利双赢。

一是放眼长远。人际交往的回报具有滞后性。人际交往回报的滞后性，要求人在交往中要立足当前，放眼长远，要用今天的行动来打造未来的人际关系，要用未来的人际关系来引领现在的行动。在处理人际关系时要大气、宽厚，不计较一时的得失，无论贫富、老少、地位高低，以心平气和的态度与人交往，以平静之心处理人际关系，不斤斤计较小得失、小矛盾，不迷失在琐碎上，不失误在礼节上，对人要始终心诚意善，以仁慈、礼貌、热情待人，始终做到诚信、守约，既要有功利性的以办事为目的的交往，也要有超功利性的纯感情的交往，更要有助人为乐的奉献性交往。

二是互利双赢。损人利己是小人，无私奉献是圣人，互利双赢是常人。在人际交往中，既不能做小人，也很难做圣人。小人和圣人都是极端的、不可持续的交往，而常人是中间路线，关系最持久。互利双赢，让交往的双方或者多方都能从中受益，能达到 $1+1>2$ 的交往效应，是能持久、良性互动的交往模式。首先交往的双方都不是以自我为中心，而是以交往达到目的，即以互相帮助、互相成就为中心。这样，交往双方必然会调整自己的言行来达成目标的实现。其次，交往的双方因为都能从中受益，必然会珍惜这种交往，就会保持这种交往的热情，使交往能够持久。

四、培养孩子谨言慎行的能力

语言和行为是人与人之间交往的主要媒介。语言行为对交往对象的影响分三个层次：无效言行、利他言行、害他言行。无效言行就是和他人交往时，你说的话、做的事，对他人既无正面影响，也无负面影响。比如，你在和别人交往时讲自己知道的某件八卦，而这件事对对方没有丝毫的意义。从社交的角度讲，这是一种无效的交流，因为你在交往中做无用功。这种无用功还会增加他人对你的负面看法，进而降低你的层次感。所以，尽管无效言行没有害他言行那么严重，在交往中也要尽量避免。害他言行在交往中由于语言和行为不当，会在有意无意中伤害到交往对象，会让对方心里不舒服，或者身心受到伤害，或者名誉受到损失。例如，小孩在游戏中的打斗、恶口等。害他言行是人际交往最大的敌人，是亲和性的最大障碍，出现这种情况不但不能和人亲和，相反只会交恶。利他言行就是你的语言行为让对方舒服，能让对方获得身心两方面的愉悦，有利于他人的成长和发展，有利于增进感情，从而有利于构建和谐的人际关系。人际交往中，培养孩子的亲和性，就是要让孩子知道什么是利他言行。

让孩子懂得谨言慎行，就是要杜绝害他言行，避免无效言行，常做利他言行。

谨言，即学会说话。6岁以下的小孩会讲"自来话"，自己讲给自己听，自己逗自己玩。童言无忌，心中怎么想就怎么说，谁都不会计较，自然也不会得罪人。而少年和成人说话，分寸感就很重要了。说话可以让人喜欢，也会让人讨嫌；说话可以成事，也可能败事。故，民间有"两岁学说话，一生学闭嘴"的俗语。

没有人生来就能把话说得好，说话习惯都是从童年、少年沿袭下来的，所以从小就要注重孩子说话的能力。说话是一门艺术，特别是人际交往的艺术，说话要从小抓起，同时也要终身学习。一是要走进对方的心里。说话既然是说给对方听的，当然要了解对方、读懂对方，这样说话才能有的放矢，才能说对方感兴趣的话，说对对方有意义的话。生活中，我们常把对方听不明白称为对牛弹琴，其实细细想来，对牛弹琴不是牛的问题，是弹琴者的问题。走进对方的心里，与什么样的人交往就讲什么样的话题。切忌从自我出发，想说什么就说什么，而是要从交往对象的需求出发，说有利于交流、做事、增进感情的话。二是说话要有思想性、知识性。说话是为了表达思想、传播知识，所以不要说无意义的话，要说有思想、有知识、有文化含量的话。当然，有思想、有知识、有文化，需要平时的积累、持久地学习。三是艺术性。说话要围绕主题，要用最少的语言准确表达自己的思想，切忌说散话，说与主题无关的话；要讲富于哲理的话，切忌留有余地；要有幽默感，用鲜活生动的语言表达思想感情，用柔性语言表达思想感情，切忌讲干巴巴、硬邦邦的话；要和人在轻松、愉快的氛围中交流，让人发自内心地接受自己的观点。

慎行，即乐于助人。和他人相处，自己的行为不能伤害他人，亦要避免被人伤害。一群小孩交往，要有安全意识，防止自害害人。一是不能做违法违规的事，不能做违反社会公德的事，一切行为都要在法律、法规、社会公德允许的范围内。所以，对不懂事的孩子，在人际交往中，家长一定要进行监管，特别是一群不懂事的孩子在一起时，最容易作出违规违法、违反社会公德的事来。未成年人犯罪，其群体性事件占比很高，其中有部分孩子就是被群体裹挟的。二是不能做伤害他人的事。小孩血气方刚，一言不合就想以武力解决，一旦动手，最易伤人及己，所以父母要教育孩子制怒，避免情绪失控而伤害他人。三是乐于助人。助人者人恒助之，在交往中要以情感人，以理服人，以行动助人，别人有困难，要学会帮助，特别要学会帮助那些弱于自己的人。任何场合都要脚勤手快，把乐于助人作为一种习惯，让亲和待人成为一种本能，并在与人交往中自然而然地流露出来，让亲和的能量既滋养自己也造福他人。

家庭教育起于童蒙，丰于学业，成于社会实践，孩子要在其间学会为学之道、做事之道、为人之道。在这个过程中，孩子既要掌握科学文化知识，也要具备社会适应能力；既要用心做事，也要用情对人，最终才能自立自强，回报于家庭，奉献于社会。若能至此境界，家庭教育的任务就算完成和圆满了。